新编学生实用
错别字
修改大全

彻底 消灭错别字 专项规范工具书

主编：文　华

编委：文　华　刘国良　刘学强　车俊芳　王小丹
　　　王秀云　邵林永　王春艳　付月红　郎培培

中国·武汉

图书在版编目(CIP)数据

新编学生实用错别字修改大全 / 文华主编. -- 武汉：华中科技大学出版社，2019.9(2021.2重印)
ISBN 978-7-5680-5792-9

Ⅰ. ①新… Ⅱ. ①文… Ⅲ. ①汉字－错别字－辨别－中小学－教学参考资料 Ⅳ. ① G634.303

中国版本图书馆 CIP 数据核字 (2019) 第 214905 号

新编学生实用错别字修改大全
Xinbian Xuesheng Shiyong Cuobiezi Xiugai Daquan

文华　主编

策划编辑：乐　文	
责任编辑：程　冲	
封面设计：吴　闲	
责任监印：周治超	
出版发行：华中科技大学出版社（中国·武汉）	电话：(027) 81321913
武汉市东湖新技术开发区华工科技园	邮编：430223

录　　排：书生文创
印　　刷：武汉科源印刷设计有限公司
开　　本：880mm×1230mm　1/32
印　　张：8.5
字　　数：220千字
版　　次：2021年2月第1版第4次印刷
定　　价：25.80元

本书若有印装质量问题，请向出版社营销中心调换
全国免费服务热线：400-6679-118　　竭诚为您服务
版权所有　侵权必究

目录

第一单元　错别字基础知识

第一节　错别字及其出现原因……………………………001

第二节　消灭错别字的实用方法…………………………006

第二单元　多音字辨析

第一节　多音字的辨析方法………………………………015

第二节　学生应知应会的常见多音字……………………019

第三单元　形近字辨析

第一节　形近字的识记诀窍………………………………034

第二节　学生应知应会的常见形近字……………………039

第四单元　容易出错的汉字

第一节　学生容易写错的汉字……………………………048

第二节　学生容易读错的汉字……………………………053

目录

第三节　学生容易用错的汉字……………………………059

第四节　学生易错易混字辨析……………………………066

第五单元　容易出错的词语

第一节　学生容易写错的词语……………………………087

第二节　多音字造成的易读错词语………………………096

第三节　生僻字造成的易读错词语………………………109

第四节　学生易错易混词语辨析…………………………119

第六单元　容易出错的成语

第一节　学生容易写错的成语……………………………138

第二节　学生容易读错的成语……………………………154

第三节　学生容易用错的成语……………………………170

第四节　学生易错易混成语辨析…………………………185

第七单元　消灭错别字分类训练

第一节　基础拼音训练……………………………………201

第二节　多音字训练………………………………………204

目录

第三节　同音字训练……………………………210

第四节　形近字训练……………………………212

第五节　多义字训练……………………………218

第六节　词语训练………………………………220

第七节　成语训练………………………………226

第八节　综合训练………………………………230

参考答案…………………………………………242

附录　容易读错的姓氏与地名

附录一　容易读错的姓氏………………………255

附录二　容易读错的地名………………………258

第一单元 错别字基础知识

第一节 错别字及其出现原因

一、什么是错别字

错别字，是指错字和别字。错字，是笔画写得不对或偏旁用得不对的字。例如："松驰"应为"松弛"，指降低紧张程度或减小压力，引申为松懈、懒散。"弛"有放松、松懈、解除的意思；"驰"则指使车马等跑得很快，引申为向往、传播。这种情况，需要同学们认真辨析。别字，是指写错或读错的字，比如写出的字与正确的字音同或音近，但意思却不同。如，"候车室"容易写成"侯车室"，"按部就班"容易写成"按步就班"。无论是错字，还是别字，都是使用错误的字，统称错别字。

二、错别字的主要类型

用错字，写错字，是中小学生在书面表达上常见的现

象,它不仅影响学生表达的准确性,还直接阻碍着学生书面表达能力的提高。认识汉字,我们不仅要知道它的形、音、义,还要了解它的形、音、义之间的关系。否则,我们就会经常写错别字。写错汉字的原因,不外乎以下几种:

1.形近致误

汉字的组成部分是多种多样的,其中许多汉字之间有相似的部分,笔画多一笔或少一画,或者笔画长短不一。对于这些形体相似、结构只有细微差别的字,即我们所说的形近字,书写时很容易出现错误,这样就形成了错别字。如,"玩耍"容易误写为"玩要","未来"容易误写为"末来"。辨析这类错别字,只要从读音入手,就可以轻松辨别出来。

考一考

用"＿＿＿"画出下面词语中写错的字,把正确的字写在括号里并注音。

(1)享通( )　(2)拨河( )　(3)困拢( )

参考答案:(1)享——亨 hēng (2)拨——拔 bá
(3)拢——扰 rǎo

2.音近致误

有些汉字的读音相同或相近,但字形并不近似,使用时容易相互误写。例如:"迫不及待"的"及",很容易误写成"着急"的"急";"川流不息"的"川",也很容易误

第一单元 错别字基础知识

写成"穿衣服"的"穿";"重叠"的"叠",则容易误写成"高潮迭起"的"迭"。这类汉字只要能辨明字义,使用时就不会出现错误。

改正下列句子中的错别字,并辨析字义。
(1)放学后,我总是先做完作业在去玩。(   )

(2)值日生的职责就是打扫教室的卫生,把当天的垃圾全部到掉。(   )

(3)只有落在泥土里的种子才能茁状成长。(   )

(4)同学们吃饭的时候喜欢插科打浑。(   )

参考答案:(1)在——再。在:①存在;②介词,接时间、地点等。再:①表示又一次(有时专指第二次);②表示一个动作发生在另一个动作结束之后。
(2)到——倒。到:①到达;②往;③周到,全顾得着。倒:①上下颠倒或前后颠倒;②把容器反转或倾斜,使里面的东西出来。
(3)状——壮。状:样子,形态;情况。壮:表示强壮;雄壮;大。
(4)浑——诨。浑:浑浊;糊涂。诨:指戏谑;开玩笑。

3.形、音皆近致误

现代汉语中有许多字形相似且字音相同或相近的字,辨析起来有一定的难度,书写时很容易出现错误。对于这类字,我们应该从它们的形旁入手,从意义上加以判别。

"辐射"的"辐"容易误写成"幅","誊写"的"誊"容易误写成"誉"。写错的原因是没有弄明白"辐"和"幅"及"誊"和"誉"的区别。"辐"由"车"字旁和"畐"组成,表示"车轮中连接轮辋和车毂的直棍";"幅"由"巾"字旁和"畐"组成,表示事物的宽度。"誊"由"龹"和"言"组成,表示"照底稿抄写";"誉"由"兴"和"言"组成,是"名誉"的意思。

考一考

下面每组词语中有一个错别字,请你用"＿＿＿＿"画出来,并把正确的字写在括号里。

A.眼睛　迁徙　拜年　防止　建议（　　）
B.飘荡　迷惑　灸热　湖泊　纪念（　　）
C.蓝球　借贷　掩映　山岭　棱角（　　）
D.侧身　碧玉　措施　馋言　连绵（　　）

参考答案：A.徒——徙　B.灸——炙　C.蓝——篮　D.馋——谗

4.不明典故致误

典故是指诗文等所引用的古书中的故事或词句。也就是说有些词语是有历史渊源的,是约定俗成的,不能随意更

第一单元 错别字基础知识

改。有些人不了解历史典故,就会把词语写错。如,"墨守成规"容易误写成"默守成规"(不知道"墨"指的是战国时的"墨翟"),"黄粱美梦"容易误写为"黄梁美梦"(不知道"黄粱"指的是粟米)。

考一考

找出下面词语中的错别字,改正并解释词语的意思。

(1)搬门弄斧( )

___

(2)名列前矛( )

___

(3)世外桃园( )

___

参考答案:(1)搬——班。班:指春秋时期著名的巧匠鲁班,他聪明、手巧,有很多发明创造,是我国土木建筑的鼻祖,他的名字也就成了内行人的代称。班门弄斧:比喻在行家面前卖弄本领,有不自量力之意。搬:移动物体的位置;搬用;迁移。

(2)矛——茅。茅:多年生草本植物,春季先开花,后生叶,花穗上密生白毛;根茎可食,亦可入药;叶可编蓑衣。前茅:春秋时楚国用茅作报警的旌旗,行军时持茅先行,如遇变故,举茅报警。名列前茅:指名次排在前面。矛:古代用来刺杀敌人的长柄兵器。

(3)园——源。源:源头、事物的根由,这里是指一个地方,比喻理想中的环境幽静、不受外界影响、生活安逸的地

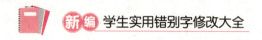

方。世外桃源：现用来指一种虚幻的超脱社会现实的安乐美好的世界。园：种植果蔬花木的地方。

第二节　消灭错别字的实用方法

一、如何避免写错别字

1.以音辨字

有些汉字的形体相同或相近，但读音不同。

"戊""戍""戌""戎"这四个字，字形相近，但读音完全不同。"戊"读wù，指天干的第五位，如"戊更"；"戍"读shù，指军队防守，如"戍边"；"戌"读xū，指地支的第十一位，如"戌时"；"戎"读róng，指军事、军队等，如"戎装"。这就要求我们，学习生字时大声地读出来，培养读的习惯，碰到一个词，就可凭借读音来准确辨认它。

2.以形辨字

汉字绝大部分是形声字，我们可以根据汉字的形旁来辨析汉字。有些形声字的声旁相同，形旁不同，那么掌握一些重要的形旁代表的含义，可以帮助我们分辨错别字。

"拌""绊"是声旁相同、形旁不同的形声字。例如：让我们选择书写正确的字"（绊、拌）脚石"，只要知道"拌"从"手"，是"搅和、搅拌"的意思，而"绊"从"纟"，是"挡住或缠住，使跌倒或行走不便"的意思，就可以准确地选出"绊脚石"。

3.以义辨字

有些汉字是象形字或指事字,一般说来,它们的字形有一定的特殊含义,了解字义对纠正错别字也有好处。

"毛骨悚然"的"悚"常误写为"耸"。如果明白"毛骨悚然"的意思是"见到阴森或凄惨的景象时,感觉恐惧","悚"是"害怕"的意思,而"耸"是"耸立"或"引人注意"的意思,就不会写错词语了。

4.以词性辨字

有的词语,特别是成语,结构对称,词义相对,如果书写错误,就可以通过对相应字形、字义的辨析推断出来。如,"好高骛远"中的"骛"常错写成"鹜",而其实"好"与"骛"对应,都是动词,应用表示"追求"的"骛"。而"鹜"是名词,指鸭子。

5.厘清源头

很多词语、成语都有出处,如历史典故、成语故事、寓言故事等。了解字词的源头,也能避免写错别字。

"再接再厉"来源于古代斗鸡游戏中的一个常见行为:为了让自己的斗鸡获胜,每次交锋之前都要在磨刀石上磨斗鸡的喙,使它锋利,所以应为"砺",现写作"厉"。我们明白了这个典故,就不会把"厉"写作"励"了。

6.勤查字典

查字典是我们识字的好方法。学会查字典,养成查字典的习惯,对我们的学习很有好处。随着社会的发展,一些词语的含义发生了一些变化,甚至一些字形也有变化,要及时

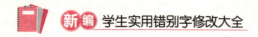

留意并掌握。遇到不认识的、拿不准的字,要及时查字典,不能盲目地按声旁推断。

7.正确书写汉字

汉字书写不规范会影响意思的正确表达,影响汉字的使用效果,还可能会闹出很多笑话。规范地书写汉字,不仅可以在一定程度上避免写错别字,提高学生的书写水平,还有利于培养学生的审美情趣,更有利于提高汉字的使用价值。

考一考

1.选字成词,用"√"标出。

锻(练 炼)　　(暑 署)假　　帐(蓬 篷)

(峻 竣)工　　年(记 纪)　　(鬼 诡)计

2.比一比,再组词。

(1) 摇( ) 遥( ) 谣( )　　(2) 博( ) 搏( ) 膊( )　　(3) 幕( ) 墓( ) 暮( )

3.电视、报纸以及街头巷尾的广告词可谓形形色色,但有些广告用语却不符合汉语的规范用法。请你给下列广告词"消毒",恢复这些成语的原貌。

(1)某热水器的广告词:随心所浴(　　)

(2)某山地车的广告词:骑乐无穷(　　)

(3)某肉鸡公司的广告词:鸡不可失(　　)

(4)某制衣公司的广告词:百衣百顺(　　)

参考答案:1.炼 暑 篷 竣 纪 诡　2.(1)摇摆 逍遥 谣言 (2)渊博 拼搏 胳膊 (3)幕布 墓碑 暮色(本题的答案不

唯一，只要符合要求即可） 3.随心所欲 其乐无穷 机不可失 百依百顺

二、怎样避免读错字音

中华文化博大精深，一个人说话的艺术体现了他说话的水平。一个人说话的水平，小则代表一个人的形象，大则代表一个民族、一个国家的形象。但是，在日常生活中，因为读错字、说错话而闹笑话的例子不胜枚举。为什么会出现这样的情况呢？又该如何避免读错字音的情况呢？

1.因习惯而错读的应对方法

例如："符（fú）合"中的"符"常被错读为fǔ，"档（dàng）案"中的"档"常被错读为dǎng，"粗犷（guǎng）"中的"犷"常被错读为kuàng。这些都属于因习惯而错读的现象。那么，怎样避免这种错读呢？

（1）换词识别。例如："符号"中的"符"只有fú这个音，就能确定在"符合"中"符"也读fú。

（2）谐音记忆。例如："装载"这个词，读的时候在头脑中想象为"装在（zài）"。

（3）声旁记忆。例如："粗犷"的"犷"，其声旁"广"的读音与"犷"的读音相同。

因习惯而容易错读的常见汉字还有：号召（zhào）、挫（cuò）折、嫉（jí）妒、细菌（jūn）、剖（pōu）析、气氛（fēn）、比较（jiào）、脊（jǐ）梁、颈（jǐng）联，等等。可以尝试按照上面的方法来记牢正确读音。

新编 学生实用错别字修改大全

考一考

根据拼音写出相应的汉字。

(1)从容地mài(　　)进考场,自信地面对试卷,chén(　　)着冷静地答题,展示自己的才华。

(2)岳麓山的钟灵毓秀,不在于其秀丽的自然景观,而在于其山川灵气所yùn(　　)育的文化内蕴,可以说,岳麓山是bó(　　)大精深的湘文化的发xiáng(　　)地,是中华传统文化中异军突起的湖湘学派的摇lán(　　)。

参考答案:(1)迈 沉 (2)孕 博 祥 篮

2.因多音而错读的应对方法

例如:"薄"的báo、bó、bò这三种读音常被混读,"处(chǔ)理"而非"处(chù)理","强(qiǎng)迫"而非"强(qiáng)迫"。这些都属于因多音而错读的现象。那么,怎样避免这种错读呢?

(1)依据词性辨析。例如:"处"读chǔ时多作动词,读chù时多作名词。所以,"处理、处罚、处世、处变不惊、处心积虑、处之泰然"等词语中的"处"都读chǔ。

(2)根据字义判断。例如:"薄"为"不厚"之意时可读báo、bó;表示(感情)冷淡、不深等时读báo,待他的情分不薄;表示迫近、靠近时读bó,薄海、日薄西山;在专有名词"薄荷"中读bò。

(3)查工具书,明确多音字。有的多音字常被错读,是因为大家对它的某个读音不太熟悉,甚至认为它只有一

第一单元 错别字基础知识

个读音。如,"创(chuāng)伤"而非"创(chuàng)伤","参与(yù)"而非"参与(yǔ)"。

考一考

1.下列句中加点的字,注音有错的一项是(　　)
A.杨树,你没有婆(pó)婆的姿态,没有曲折盘旋的虬枝。
B.雪下的小草已撑破地壳(qiào),长出了嫩芽。
C.我用手抚它细腻的绒(róng)毛,它也不怕,反而友好地啄(zhuó)了两下我的手指。
D.刹(shà)那间,庞大的火箭笔直上升,隆隆巨响震得整个山谷抖(dǒu)动起来。

2.结合语境,将正确的字音填在括号里。
(1)单(chán dān shàn)
单(　　)先生说,单(　　)于会骑马,不会骑单(　　)车。
(2)炮(bāo pào páo)
能用打红的炮(　　)筒炮(　　)羊肉和炮(　　)制药材吗?

3."禁"字表示"承受、忍受"时读jīn,表示"不允许"时读jìn。请根据它的意思,给下列加点的字注音。
忍俊不禁(　　)　　禁(　　)书　　弱不禁(　　)风　　紫禁(　　)城

参考答案:1.D "刹"作名词时,读chà,如"刹那""古刹"等;"刹"作动词时,读shā,如"刹车"等。

2.(1)shàn chán dān (2)pào bāo páo 3.jīn jìn jīn jìn

3.因形似而错读的应对方法

有些字因为声旁相同,而类推到别的字也念这个音,如"祖、阻、组"皆从"且"这个声旁,都读zǔ,于是把"沮丧"的"沮(jǔ)"也误读成了zǔ。有些字因为声调而误读,如将"内疚(jiù)"与"针灸(jiǔ)"的读音分辨不清。这些都属于因形似而错读的现象。那么,应该怎样避免这种错读呢?

方法是:整理形近字,辨识读音。与声旁读音不一致的常见形声字,如"锲而不舍"的"锲"到底是读qiè,还是读qì,很多同学总是弄不清楚。我们可以先看其声旁,"契(qì)"的读音我们都知道,如"契约",再记住"锲""契"的读音应该是不一样的,自然就会知道"锲"读qiè了。属于这种情况的常见字还有"缜密"的"缜(zhěn)"、"悲恸"的"恸(tòng)"、"绮丽"的"绮(qǐ)"、"发酵"的"酵(jiào)"等。

考一考

下列加点的形声字都是易读错的,请在横线上写出正确的读音。

①箴言_____ ②桎梏_____ ③庇护_____
④联袂_____ ⑤咯血_____ ⑥皈依_____
⑦龋齿_____ ⑧炽热_____ ⑨信笺_____

第一单元 错别字基础知识

参考答案：①zhēn ②gù ③bì ④mèi ⑤kǎ ⑥guī ⑦qǔ ⑧chì ⑨jiān

4.因变读而错拼的应对方法

读两个三声的字组成的词，在读的时候第一个字往往会错误地变读为二声（连读变调）。如果不清楚这一点，只是根据读音来判断拼音就会出错。例如："窈窕（yǎo tiǎo）"的"窈"常被错拼为yáo，"匕首（bǐ shǒu）"的"匕"常被错拼为bí，"侮辱（wǔ rǔ）"的"侮"常被错拼为wú，等等。当然，不是所有第一个字读二声、第二个字读三声的词都是变读的结果。例如："祈祷（qí dǎo）"这个词，第一个字本来就读qí。实际上，常见的变读词并不多，大家只要在遇到它们时，刻意记忆一下就可以了。

考一考

在括号中，写出下列加点汉字的正确读音。
稿（　）纸　早（　）点　鼓（　）掌

参考答案：gǎo zǎo gǔ

5.因方言而错读的应对方法

这类多音字比较少，仅限于部分地区。如，忒：①tè，差忒（差错之意）；②tuī，方言，"太"的意思，风忒大、房子忒小等；③tēi，tuī的又音。"差忒（tè）"的

013

"忒"常被错读为tuī。只要遵守汉语拼音规则,坚持说普通话,养成良好的语言习惯,就不会受到方言的影响,读书、写字时也不会出现错误。

考一考

你知道下面的方言说的是什么意思吗?请写出来。

1.方言:丫老头儿,错楼付低哈,喝着付、看着付,你饭付付不付付。

_____

2.方言:你包血啦!

_____

参考答案:1.一个老头儿,坐在树底下,喝着水、看着书,你说舒服不舒服。2.你别说了!

第二单元 多音字辨析

第二单元
多音字辨析

第一节 多音字的辨析方法

一、什么是多音字

多音字，是有两个或两个以上读音的字。读音有区别词性和词义的作用。多音字的不同读音所表示的意义不相同，词性也往往会有区别，根据使用情况不同，用法各异。

二、怎样辨析多音字

既然多音字至少有两个读音，那么怎样来辨析这个字的读音应该使用哪个呢？下面给同学们提供几种比较实用的方法。

1.从词性来判断

有些多音字很难读准，我们不妨从多音字的词性来辨析读音。

"创"字，有chuāng和chuàng两个读音，怎样分辨它们呢?"创"读chuāng时是名词,"创痕""创口""创面""创伤"等词语中的"创",都表示"伤,伤口"之意,应读chuāng。"创"读chuàng时是动词,"创办""创建""创立""创业"等词语中的"创",都表示"开始,初次做"之意,应读chuàng。

"刹"字,有chà和shā两个读音,读chà时是名词,读shā时是动词。"古刹"(古老的寺庙)中的"刹",应读chà;"刹车"是一种动作,"刹"应读shā。

考一考

"缝"字,作动词时读_____,作名词时读_____。因此,下面的词语应该这样注音:

( ) ( ) ( ) ( ) ( ) ( )
缝补　缝隙　缝衣　裂缝　缝纫　墙缝

参考答案:féng fèng féng bǔ fèng xì féng yī liè fèng féng rèn qiáng fèng

2.从字义来判断

有些多音字,不仅可以从词性上判断其读音,还可以从词义方面进行辨析。

"劲"字,有jìn和jìng两个读音,怎样分辨在哪种情况下使用哪种读音呢?这时,就可以从字义上进行区分。"劲"的意思可以指"力气、力量",又可以指"精神、情绪、兴趣"等,"劲头""干劲儿""松劲""心劲儿"

第二单元 多音字辨析

中的"劲",应读jìn。"劲"的意思还可以指"坚强有力","劲敌""劲旅""刚劲""强劲"中的"劲",应读jìng。

"吐"字,有tǔ和tù两个读音,都是动词,从词性上难以区分,但字义上却有区别。读tǔ时,意思是"使东西从嘴里出来",引申为"说出、露出";读tù时,意思是"消化道或呼吸道里的东西不自主地从嘴里涌出"。据此,可以做出如下判断:"吐痰""吐露""吐穗"中的"吐",应该读作tǔ;"吐血""吐泻""呕吐"中的"吐",应该读作tù。

考一考

1. "差"字,表示"差异、差别"时,读chā;表示"不相同、错误、缺少、不好"时,读chà。因此,下面的词语应该这样注音:

( ) ( ) ( ) ( ) ( )
差别　差异　差数　基础差　差不多

2. "差"字,还有chāi和cī两个读音:当表示"派遣(去做事)、被派遣去做的事、公务、职务"或"在旧时指被派遣的人"时,读＿＿＿,如"当差""出差""邮差""差遣";当放在"参"字之后且连起来用时,读＿＿＿,如"参差不齐"。

3. "累"字有三个读音,即léi、lěi、lèi。"累"字有如下释义,分别对应这三个读音:(1)连续成串,如"果实累累";多余,不简洁,如"累赘"。(2)连续,堆积,如"累计""日积月累"；牵连，如"累及""拖累"。（3）疲劳，如"劳累""累乏"；使疲劳，如"别累着"。

下列含有"累"字的词语，应该这样注音：

罪行累（　　）累　　　　累（　　）见不鲜
日积月累（　　）　　　　连篇累（　　）牍
负债累（　　）累　　　　累（　　）及无辜
积年累（　　）月　　　　危如累（　　）卵
硕果累（　　）累　　　　累（　　）土聚沙
连阡累（　　）陌　　　　长年累（　　）月

参考答案：1.chā bié　chā yì　chà shù　jī chǔ chà　chà bu duō　2.chāi cī　3.lěi lěi lěi lěi lěi lěi lěi léi lěi lěi

3.记少不记多

有些汉字虽然有多个读音，但这几个读音的使用频率却大不相同，有的读音常用，有的读音不常用，甚至几乎不用。我们只要记住这个字比较特殊的读法，其余的就是常用读音了。

"弄"字，有nòng和lòng两个读音，但只有当表示"小巷、胡同"的含义时才读lòng，其余都读nòng。

"埋"字，只有在"埋怨"一词中才读mán，其余都读mái。

考一考

1."秘"字，只有组词"秘鲁"时读bì，其余都读＿＿＿＿。
2."作"字，只有组词"作坊"时读＿＿＿＿，其余都读＿＿＿＿。

参考答案：1.mì　2.zuō　zuò

第二节　学生应知应会的常见多音字

A

阿　①ā　阿姨　阿根廷
　　②ē　阿附　阿胶
　　阿谀奉承
腌　①ā　腌臜
　　②yān　腌肉
挨　①āi　挨近　挨边　挨个儿
　　②ái　挨打　挨批　挨饿
艾　①ài　方兴未艾　艾草
　　②yì　自怨自艾
拗　①ǎo　拗断
　　②ào　拗口
　　③niù　执拗

B

扒　①bā　扒开　扒拉
　　②pá　扒手　扒草
把　①bǎ　把握　把持　把柄
　　②bà　刀把　话把儿

伯　①bǎi　大伯子
　　②bó　老伯　伯父
膀　①bǎng　臂膀　翅膀
　　肩膀
　　②bàng　吊膀子
　　③pāng　膀肿
　　④páng　膀胱
蚌　①bàng　河蚌　鹬蚌相争
　　②bèng　蚌埠
剥　①bāo　剥皮
　　②bō　剥削
薄　①báo　薄脆
　　②bó　单薄　稀薄
　　③bò　薄荷
堡　①bǎo　碉堡　堡垒
　　②bǔ　瓦窑堡　吴堡
　　③pù　十里堡
曝　①bào　曝光
　　②pù　一曝十寒
背　①bēi　背包　背枪

臂	② bèi	脊背 后背
	① bei	胳臂
	② bì	手臂 臂膀
奔	① bēn	奔跑 奔波
	② bèn	投奔
辟	① bì	复辟
	② pì	开辟
扁	① biǎn	扁担
	② piān	扁舟
便	① biàn	方便 便利
	② pián	便宜
骠	① biāo	黄骠马
	② piào	骠勇
屏	① bīng	屏营
	② bǐng	屏息 屏气
	③ píng	屏风
泊	① bó	淡泊 停泊
	② pō	湖泊
簸	① bǒ	颠簸
	② bò	簸箕
卜	① bo	萝卜
	② bǔ	占卜

C

参	① cān	参拜 参观 参加 参见 参军 参考 参谋 参数 参与 参阅 参照 参政
	② cēn	参差
	③ shēn	党参 海参 人参
藏	① cáng	珍藏 藏书
	② zàng	宝藏
曾	① céng	曾经 不曾 未曾
	② zēng	曾孙 曾祖
差	① chā	偏差 差错
	② chà	差点儿
	③ chāi	差遣 差使 差事 出差 公差 交差 钦差
	④ chài	用法同"瘥"，表示病愈。
	⑤ cī	参差
刹	① chà	刹那 古刹
	② shā	刹车
禅	① chán	禅师
	② shàn	禅让
颤	① chàn	颤动 颤抖
	② zhàn	颤栗 打颤
场	① cháng	场院 一场（雨）
	② chǎng	场合 冷场 一场（电影）

第二单元 多音字辨析

绰 ① chāo 绰起
② chuò 绰绰有余

朝 ① cháo 朝拜 朝代 朝廷 朝政 皇朝 上朝 王朝
② zhāo 朝晖 朝露 朝气 朝夕 一朝一夕

嘲 ① cháo 嘲讽 嘲笑
② zhāo 嘲哳（zhā）

车 ① chē 车马 车辆
② jū 象棋棋子名称。

称 ① chèn 称心 对称
② chēng 称呼 称道
③ chèng 旧时同"秤"。

乘 ① chéng 乘车 乘法 乘机 乘客 乘胜 乘势 上乘
② shèng 史乘 千乘之国

盛 ① chéng 盛饭 盛器
② shèng 盛产 盛大 盛典 盛会 盛开 盛况 盛名 盛情 盛世

澄 ① chéng 澄清
② dèng 澄沙

匙 ① chí 汤匙
② shi 钥匙

冲 ① chōng 冲锋 冲击
② chòng 冲床 冲子

重 ① chóng 重唱 重叠 重复 重合 重申 重孙 重围 重新 重演 重阳 双重
② zhòng 重兵 重创 重大 重担 重地 重点 重负 重量 重任 重视

臭 ① chòu 遗臭万年 臭气
② xiù 乳臭 铜臭

处 ① chǔ 处罚 处置
② chù 处所 妙处

畜 ① chù 牲畜 畜生
② xù 畜养 畜牧

传 ① chuán 传播 传布 传达 传单 传导 传递 传话 传唤 传家宝 传票 传奇 传染
② zhuàn 传记 评传 小传 自传

创 ① chuāng 创痕 创伤
② chuàng 创作 创造

伺 ① cì 伺候
② sì 伺机 窥伺

枞 ① cōng 枞树

021

攒 ②zōng 枞阳（地名）
　　①cuán 攒动 攒射
　　②zǎn 积攒
撮 ①cuō 一撮盐
　　②zuǒ 一撮毛

D

答 ①dā 答理 答应
　　②dá 报答 答复
大 ①dà 大夫（官名）
　　②dài 大夫（医生）
　　山大王
逮 ①dǎi 逮蚊子 逮小偷
　　②dài 逮捕
单 ①dān 单独 孤单
　　②chán 单于
　　③shàn 单县
弹 ①dàn 子弹 弹弓 弹壳
　　弹坑 弹片 弹头 弹丸
　　弹药 导弹 炮弹 枪弹
　　氢弹
　　②tán 弹劾 弹簧 弹力
　　弹射 弹性 弹指 评弹
　　弹琴
当 ①dāng 当场 当选
　　当心 当然 相当 应当

　　②dàng 当天 典当
　　当真 上当 适当 当铺
　　当作
倒 ①dǎo 颠倒 倒戈 倒嚼
　　②dào 倒车 倒计时
　　倒退
得 ①dé 得意扬扬
　　②de 好得很
　　③děi 得喝水了
的 ①de 好的 我的
　　②dí 的确
　　③dì 目的 有的放矢
提 ①dī 提防 提溜
　　②tí 提高 提取
都 ①dōu 都好 都是
　　②dū 都市 首都
度 ①dù 程度 度量
　　②duó 忖度 揣度
囤 ①dùn 粮囤
　　②tún 囤积

F

发 ①fā 发表 打发
　　②fà 理发 结发
坊 ①fāng 牌坊 坊间
　　②fáng 磨坊 染坊

第二单元 多音字辨析

分 ① fēn 区分 分数
② fèn 水分 成分

缝 ① féng 缝合 缝衣服
② fèng 缝隙 裂缝

服 ① fú 服毒 服药
② fù 量词,如"一服药"。

G

杆 ① gān 旗杆 栏杆
② gǎn 枪杆 烟杆

革 ① gé 革命 皮革
② jí 病革

葛 ① gé 葛布 瓜葛
② gě 姓葛

合 ① gě 表示容量单位或量粮食的器具。
② hé 合作 合计

给 ① gěi 给我
② jǐ 补给 配给

更 ① gēng 更换 更名
② gèng 更加 更好

颈 ① gěng 脖颈子
② jǐng 颈项 颈联

供 ① gōng 供给 供销
② gòng 口供 上供

枸 ① gōu 枸橘
② gǒu 枸杞
③ jǔ 枸橼

估 ① gū 估计 估量
② gù 估衣

骨 ① gū 骨碌 骨朵
② gǔ 骨肉 骨干 骨头

谷 ① gǔ 谷子 谷雨
② yù 吐谷浑(族名)

冠 ① guān 冠冕 冠心病
② guàn 冠军 沐猴而冠

桧 ① guì 用于树名
② huì 用于人名

过 ① guō 姓氏
② guò 经过 过年 过去

H

哈 ① hā 哈萨克族 哈腰 笑哈哈
② hǎ 哈达
③ hà 哈什蚂

虾 ① há 虾蟆
② xiā 龙虾 鱼虾

汗 ① hán 可汗 大汗
② hàn 汗水 汗颜

吭 ① háng 引吭高歌

②kēng　吭声

巷　①hàng　巷道
　　②xiàng　街巷

号　①háo　呼号　号叫
　　②hào　称号　号召

貉　①háo　貉绒　貉子
　　②hé　一丘之貉
　　③mò　同"貊"，或用于姓氏。

喝　①hē　喝水
　　②hè　喝彩　喝令

和　①hé　和睦　和谐
　　②hè　应和　和诗
　　③hú　和了
　　④huó　和面　和泥
　　⑤huò　和药　两和（量词）

横　①héng　横行　纵横
　　②hèng　蛮横　横财

哄　①hōng　哄堂大笑
　　②hǒng　哄骗
　　③hòng　起哄

虹　①hóng　彩虹　虹吸
　　②jiàng　义同"虹"（hóng）。

划　①huá　划船　划算

②huà　划分　计划　规划

晃　①huǎng　明晃晃　晃眼
　　②huàng　摇晃　晃动

会　①huì　会合　开会
　　②kuài　会计　财会

混　①hún　混蛋
　　②hùn　混沌　混合　混浊

豁　①huō　豁口
　　②huò　豁达　豁亮　豁然开朗

J

几　①jī　茶几　几案
　　②jǐ　几个　几何

奇　①jī　奇偶
　　②qí　奇怪　奇异

缉　①jī　通缉　缉拿
　　②qī　缉鞋口

纪　①jǐ　姓氏（近年也有读jì的）
　　②jì　纪念　纪律

济　①jǐ　济宁　人才济济
　　②jì　救济　共济

系　①jì　系鞋带
　　②xì　关系　系列　系统　联系

第二单元 多音字辨析

偈 ①jì 偈语
②jié 表示勇武。

夹 ①jiā 夹攻 夹杂
②jiá 夹裤 夹袄

茄 ①jiā 雪茄
②qié 茄子

假 ①jiǎ 真假 假借
②jià 假期 假日

间 ①jiān 中间 房间
②jiàn 间断 间谍

将 ①jiāng 将军 将来
②jiàng 将士 将校
③qiāng 表示愿、请,如"将进酒"。

教 ①jiāo 教书 教课
②jiào 教导 教派

嚼 ①jiáo 嚼舌
②jiào 倒嚼
③jué 咀嚼

角 ①jiǎo 角落 号角 口角 嘴角
②jué 角色 角斗 口角

侥 ①jiǎo 侥幸
②yáo 僬(jiāo)侥(古代传说中的矮人)

脚 ①jiǎo 脚本 脚步 脚下
②jué 脚色(同"角色")

剿 ①jiǎo 围剿 剿匪
②chāo 剿袭 剿说

校 ①jiào 校场 校对 校勘
②xiào 学校 院校

结 ①jiē 结实 结巴
②jié 结网 结合

解 ①jiě 解除 解渴
②jiè 解元 押解
③xiè 浑身解数

藉 ①jiè 枕藉 慰藉
②jí 狼藉

矜 ①jīn 矜持 矜夸
②qín 古代指矛、戟等的柄。

仅 ①jǐn 绝无仅有
②jìn 表示将近,如"士卒仅万人"。

劲 ①jìn 干劲儿 劲头
②jìng 强劲 劲草

咀 ①jǔ 咀嚼
②zuǐ 尖沙咀

龟 ①jūn 龟裂
②guī 乌龟
③qiū 龟兹

菌 ①jūn 细菌 霉菌

②jùn 菌子

K

卡 ①kǎ 卡车 卡片
②qiǎ 关卡 发卡

看 ①kān 看守 看管
②kàn 看待 看见

坷 ①kē 坷垃
②kě 坎坷

壳 ①ké （口语）贝壳 脑壳
②qiào （书面语）地壳 甲壳 躯壳

可 ①kě 可恨 可以
②kè 可汗

空 ①kōng 天空 空洞 空间
②kòng 空白 空闲 填空

溃 ①kuì 溃决 溃败
②huì 溃脓

L

落 ①là 丢三落四 落下
②lào 落枕 落色
③luò 落魄 着落

潦 ①lǎo （书面语）积潦（积水）
②liáo 潦草 潦倒

络 ①lào 络子
②luò 络绎 经络

烙 ①lào 烙印 烙铁
②luò 炮（páo）烙

勒 ①lè 勒令 勒索
②lēi 勒紧

累 ①léi 累赘
②lěi 牵累
③lèi 劳累

擂 ①léi 擂鼓
②lèi 擂台 打擂

蠡 ①lí 管窥蠡测
②lǐ 蠡县

俩 ①liǎ （口语，不带量词）咱俩 俩人
②liǎng 伎俩

量 ①liáng 丈量 计量
②liàng 量入为出 重量

踉 ①liáng 跳踉
②liàng 踉跄（形容走路不稳）

淋 ①lín 淋浴 淋漓
②lìn 过淋 淋盐

第二单元 多音字辨析

馏 ① liú 蒸馏
　　② liù 馏饭

镏 ① liú 镏金（涂金）
　　② liù 金镏（金戒指）

碌 ① liù 碌碡（liù zhou）
　　② lù 庸碌　劳碌

笼 ① lóng 笼子　牢笼
　　② lǒng 笼络　笼统

偻 ① lóu 佝偻
　　② lǚ 伛偻

露 ① lòu 露面　露马脚
　　② lù 露天　露营

绿 ① lù 绿林　鸭绿江
　　② lǜ 绿地　绿茵

捋 ① luō 捋袖子
　　② lǚ 捋胡子

M

摩 ① mā 摩挲（mā sa，指用手轻轻按着并一下一下地移动）
　　② mó 摩擦　摩挲（用手抚摸）

埋 ① mái 埋伏　埋藏
　　② mán 埋怨（仅此一例）

脉 ① mài 脉络　山脉
　　② mò 脉脉

蔓 ① màn 蔓延　枝蔓
　　② wàn 瓜蔓　压蔓

氓 ① máng 流氓
　　② méng 古指百姓。

蒙 ① mēng 蒙骗
　　② méng 蒙昧
　　③ měng 蒙古

眯 ① mī 眯缝　笑眯眯
　　② mí 眯眼

靡 ① mí 靡费　奢靡
　　② mǐ 萎靡　披靡

秘 ① mì 秘密　秘诀
　　② bì 秘鲁　秘姓

泌 ① mì 分泌
　　② bì 泌阳

缪 ① miào 缪姓
　　② miù 纰缪
　　③ móu 绸缪

模 ① mó 模范　模型
　　② mú 模具　模样

N

娜 ① nà　安娜
　　② nuó　袅娜　婀娜

难 ① nán　困难　难分难解
　　② nàn　责难　难民

宁 ① níng　安宁　宁静　宁姓
　　② nìng　宁可

拧 ① níng　拧手巾　拧绳子
　　② nǐng　拧螺丝
　　③ nìng　脾气拧

弄 ① nòng　玩弄
　　② lòng　弄堂

疟 ① nüè　（书面）疟疾
　　② yào　（口语）发疟子

P

排 ① pái　排除　排行
　　② pǎi　排子车

迫 ① pǎi　迫击炮
　　② pò　逼迫　迫切

胖 ① pán　心宽体胖
　　② pàng　肥胖

刨 ① páo　刨除　刨土
　　② bào　刨床　刨冰

炮 ① páo　炮制　炮烙
　　② pào　火炮　高炮

喷 ① pēn　喷射　喷泉
　　② pèn　喷香

劈 ① pī　劈头盖脸　劈面　劈胸
　　② pǐ　劈开　劈叉

片 ① piān　影片儿
　　② piàn　片面　肉片

缥 ① piāo　缥缈
　　② piǎo　指青白色的丝织品。

朴 ① piáo　姓朴
　　② pō　朴刀
　　③ pò　朴硝　朴树
　　④ pǔ　俭朴　朴质

撇 ① piē　撇开　撇弃
　　② piě　撇嘴　撇置脑后

仆 ① pū　前仆后继
　　② pú　仆从

瀑 ① pù　瀑布
　　② bào　瀑河（水名）

第二单元 多音字辨析

Q

栖 ① qī 两栖 栖息
　　② xī 栖栖

蹊 ① qī 蹊跷
　　② xī 蹊径

稽 ① qǐ 稽首
　　② jī 滑稽

荨 ① qián 荨麻
　　② xún 荨麻疹

呛 ① qiāng 喝水呛着
　　② qiàng 够呛 呛嗓子

锖 ① qiāng 锖水
　　② qiǎng 银锖

强 ① qiáng 强渡 强取 强制
　　② qiǎng 勉强 强迫 强词夺理
　　② jiàng 倔强

悄 ① qiāo 悄悄 悄悄话
　　② qiǎo 悄然 悄寂

雀 ① qiāo 雀子
　　② qiǎo 家雀儿
　　③ què 雀鸟 雀跃

翘 ① qiào 翘尾巴
　　② qiáo 翘首 连翘

切 ① qiē 切磋 切割
　　② qiè 急切 切实

趄 ① qiè 趄坡儿
　　② jū 趑趄（zī jū）

亲 ① qīn 亲近 亲密
　　② qìng 亲家

曲 ① qū 大曲 弯曲 曲线
　　② qǔ 曲调 曲艺 曲牌

R

任 ① rén 任丘（地名）任姓
　　② rèn 任务 任命

S

塞 ① sāi 活塞 塞满
　　② sài 塞翁失马 边塞 塞外
　　③ sè 堵塞 阻塞

散 ① sǎn 懒散 零散（不集中、分散）

	② sàn 散布 散心	葚	① shèn 桑葚
丧	① sāng 丧乱 丧钟		② rèn 桑葚儿
	② sàng 丧失 丧气	识	① shí 识别 识字
色	① sè （书面语）色彩 色泽		② zhì 标识 博闻强识
	② shǎi （口语）落色 掉色	似	① shì 似的
			② sì 相似
杉	① shā 杉篙 杉木	熟	① shóu （用于口语）
	② shān 红杉 水杉		② shú 熟悉 成熟 熟能生巧
煞	① shā 煞尾 煞风景	数	① shǔ 数落 数数（shù）
	② shà 煞白 恶煞		② shù 数字 数目
厦	① shà 广厦 大厦		③ shuò 数见不鲜
	② xià 厦门	说	① shuì 游说 说客
苫	① shān 草苫子		② shuō 说话 说辞
	② shàn 苫布	缩	① sù 缩砂密（植物名）
折	① shé 折本		② suō 缩小 收缩
	② zhē 折腾	遂	① suí 半身不遂
	③ zhé 折合		② suì 遂心 未遂
舍	① shě 舍弃 抛舍		
	② shè 校舍 退避三舍	**T**	
什	① shén 什么	沓	① tà 杂沓 纷至沓来
	② shí 什物 什锦		

第二单元 多音字辨析

苔 ② dá 一沓纸

苔 ① tāi 舌苔
② tái 苍苔 青苔 苔藓

调 ① tiáo 调皮 调解 调味
② diào 调换 调查 调动

帖 ① tiē 妥帖 服帖
② tiě 请帖 字帖儿
③ tiè 画帖

W

瓦 ① wǎ 瓦当 瓦蓝 砖瓦
② wà 瓦刀 瓦瓦（wǎ）

委 ① wēi 委蛇（yí）
② wěi 委托 委屈 委员

圩 ① wéi 圩子
② xū 圩场

尾 ① wěi 尾巴
② yǐ 马尾罗

尉 ① wèi 太尉 上尉
② yù 尉迟（姓氏）
尉犁（地名）

乌 ① wū 乌黑 乌鸦
② wù 乌拉（la）

X

吓 ① xià 吓唬 吓人
② hè 威吓 恐吓

纤 ① xiān 纤维 纤细
② qiàn 纤夫 拉纤

鲜 ① xiān 鲜美 鲜明
② xiǎn 鲜见 鲜为人知

见 ① xiàn 图穷匕首见
（"见"通"现"）
② jiàn 见面 看见

相 ① xiāng 相处 相对
② xiàng 相片 相机

削 ① xiāo 切削 削皮
② xuē 剥削 瘦削

血 ① xiě 鸡血 流血
② xuè 贫血 心血

行 ① xíng 举行 发行
② háng 行市 行伍

省 ① xǐng 反省 省亲
② shěng 省份 省略

宿 ① xiǔ 半宿
② xiù 星宿
③ sù 宿舍 住宿

熏 ①xūn 熏染 熏陶
②xùn 熏着了（煤气中毒）

Y

哑 ①yā 哑哑（拟声词，旧同"呀"）
②yǎ 哑然 聋哑 沙哑

殷 ①yān 殷红
②yīn 殷实 殷切 殷勤

咽 ①yān 咽喉
②yàn 狼吞虎咽
③yè 呜咽

钥 ①yào 钥匙
②yuè 北门锁钥

叶 ①yè 叶落归根 树叶
②xié 叶韵

应 ①yīng 应该 应许 应当
②yìng 应付 应承 反应

佣 ①yōng 雇佣 佣工
②yòng 佣金 佣钱

吁 ①yū 吆喝牲口的声音。
②yù 呼吁 吁求
③xū 长吁短叹 气喘吁吁

与 ①yǔ 给与
②yù 参与

熨 ①yù 熨帖
②yùn 熨烫

晕 ①yūn 晕倒 头晕
②yùn 月晕 晕车

筠 ①yún 筠管
②jūn 筠篁

Z

扎 ①zā 扎彩 一扎线
②zhā 扎根 扎实
③zhá 挣扎

载 ①zǎi 登载 转载 千载难逢
②zài 装载 载运 载歌载舞

择 ①zé 选择 抉择
②zhái 择菜 择席 择不开

第二单元 多音字辨析

轧 ① zhá　轧钢　轧辊
　　② yà　倾轧　轧棉花　轧场
　　③ gá　轧朋友

涨 ① zhǎng　涨落　高涨
　　② zhàng　泡涨　头昏脑涨

着 ① zhāo　失着儿　高着儿
　　② zháo　着急　着迷　着凉
　　③ zhuó　着落　着重　着手

正 ① zhēng　正月
　　② zhèng　正常　正面　正当

殖 ① zhí　繁殖　殖民
　　② shi　骨殖

中 ① zhōng　中国　人中（穴位）
　　② zhòng　中奖　中靶

种 ① zhǒng　种类　种族　种子
　　② zhòng　耕种　种植　播种

轴 ① zhóu　画轴　轮轴
　　② zhòu　大轴子　压轴戏

属 ① zhǔ　属望　属文　属意
　　② shǔ　属于　亲属

转 ① zhuǎn　转运　转折
　　② zhuàn　转动　转圈

幢 ① zhuàng　一幢楼房
　　② chuáng　经幢

综 ① zōng　综合　错综
　　② zèng　织布机零件之一。

钻 ① zuān　钻探　钻研
　　② zuàn　钻床　钻石

作 ① zuō　作坊
　　② zuò　工作　习作　作品　作废　振作　自作自受　装模作样

柞 ① zuò　柞蚕　柞丝绸
　　② zhà　柞水（地名，在陕西）

第三单元 形近字辨析

第一节 形近字的识记诀窍

一、形近字的主要类型

形近字,是指字形结构相近而字义却不相同的汉字。形近字的搭配有一定的规律,并有各自的特点。按照搭配规律与各自的特点,形近字主要有以下几种类型:

(1)字形相近,读音相同,例如"绵"和"棉"。
(2)字形相近,读音不同,例如"琛"和"深"。
(3)字形相近,笔形不同,例如"己"和"已"。
(4)字形相近,偏旁不同,例如"把"和"吧"。
(5)字形相近,笔画不同,例如"木"和"本"。
(6)笔画相同,位置不同,例如"人"和"入"。
(7)部首相同,位置不同,例如"旯"和"旮"。

第三单元 形近字辨析

二、如何辨析与记忆形近字

1.从形旁上辨析字义

字形相近的字大多数都是形声字。形声字的特点是形旁表示字义，声旁表示字音。所以，根据它们不同的形旁，我们就可以辨析出它们不同的字义。

"辨""辩""辫""瓣"这四个字，左右都是"辛"，但是中间分别是"刂"（古汉语中间为"刀"，表示判别，辨别）、"讠"（和语言有关）、"纟"（和丝线有关）、"瓜"（和瓜果有关），由它们组成的词语分别是辨认、辩论、辫子、花瓣。

记忆"清""晴""睛""请""情""蜻"时，我们不妨编出这样的儿歌：

"清"字说："我是最干净的，因为有了'氵'，可以把东西洗得干干净净，非常清洁。"

"晴"字说："有了'日'，太阳公公就会跟我们见面了，天气晴朗，万里无云呢！"

"睛"字说："我是最明亮的，因为有了'目'，就可以把世间万物看得清清楚楚。"

"请"字说："我是最客气的，因为有了'讠'，世界将变成美好的人间。"

"情"字说："我是最能打动人的，因为有了'忄'，人间将会处处有真情在！"

"蜻"字说："我是最辛劳的，因为有了'虫'的帮助，我能把害虫消灭掉。"

考一考

巧动手,变变变(换一个偏旁,使其变成另一个字)。

参考答案:悄 俏 销 哨 捎 稍 峭 硝 逍 绡 削 宵 霄……
(答案不唯一,只要所填汉字符合要求即可)

2.从声旁上辨析字音

对于形旁相同、声旁不同的形近字,我们又能怎样快速记忆呢?我们可以根据它们的声旁来辨析字音。

"舱""艇""舫""艘"这四个字,都是"舟"字旁,表示字义都和"船"有关,声旁分别是"仓""廷""方""叟",其实"舱""艇""舫""艘"这四个字的读音就和"仓""廷""方""叟"的读音非常接近。

你记住了吗?是不是很神奇?还有更神奇、好玩的呢!表示人体部位的很多汉字,都有一个"月"字旁,很多情况下,后面是什么字就读什么音。试完成下面的习题吧!

第三单元 形近字辨析

考一考

1. 你能根据下面各字中右边声旁的读音来判断整个字的读音吗？想一想它们都和什么有关？

( ) ( ) ( ) ( ) ( )
膀　　胱　　胸　　脯　　膛
( ) ( ) ( ) ( ) ( )
腿　　胳　　膊　　肠　　肝

2. 下面各字中都含有"氵"旁，说明它们都和水有关系。根据右边的声旁，试着读出每个字吧！

( ) ( ) ( ) ( ) ( )
澎　　湃　　河　　湖　　泻
( ) ( ) ( ) ( ) ( )
泥　　沼　　泡　　泞　　浔

参考答案：1.páng guāng xiōng pú táng tuǐ gē bó cháng gān 这些汉字都和身体有关，它们都是重要的身体器官或身体部位。 2.péng pài hé hú xiè ní zhǎo pào nìng xún

3. 从字义上辨析字形

对于一些很容易理解的形近字，我们可以根据它们的字义进行辨析。

"尘"和"尖"，"尖"表示物体末端细小、尖锐，"尘"则表示细小的灰土。"不好"则为"孬"，"不正"则为"歪"。类似的汉字还有很多，试着积累一下吧！

考一考

下面的汉字你认识几个?你知道它们分别读什么吗?先试着判断,然后再查字典学习一下吧!

( )　　　　( )　　　　( )
　甭　　　　　　兲　　　　　　夯
( )　　　　( )　　　　( )
　晷　　　　　　耷　　　　　　勓

参考答案:béng　ēn　gá　jiào　dā　fiào

4.用自编口诀记字形和字音

对于一些字形比较难理解、字音比较难记的形近字,我们可以根据它们的特点,编成顺口溜来帮助我们辨析字形。

"戊""戌""戒""戎""戍"五个字,字形极为相似,部首都是"戈",而读音却都不同。为了正确区分和牢固记忆这五个字,可以妙用《西游记》中的师徒四人形象,编诗歌如下:"悟(戊:wù)空无心守师父,沙僧有心却总输(戌:shù)。八戒(戒:jiè)空有一铁耙,戎(戎:róng)马师父一心虚(戌:xū)。"

还有一个顺口溜可以用来辨析"戌""戍""戊"这三个字:横戌(xū)点戍(shù)戊(wù)中空。这样不仅可以帮助我们记住读音,同时跟着顺口溜也能轻松记住字形。

第三单元 形近字辨析

考一考

下面有两组形近字,你能试着各编一个顺口溜,巧妙地记住它们吗?
（1）己 已 巳　　识记顺口溜：_____
（2）渴 喝　　　　识记顺口溜：_____

<u>参考答案</u>：（1）开口"己","我"易记；半口"已",时过也；封口"巳",地支似。（2）渴了要喝水（三点水旁）,喝水要有嘴（口字旁）。

第二节　学生应知应会的常见形近字

A

敖：熬,傲,遨,鳌

B

白：怕,帕,伯,拍,泊,柏,陌,珀
佰：宿,缩
办：苏,协,胁
半：伴,拌,绊,叛,判
邦：帮,绑

包：跑,炮,泡,抱,袍,饱,苞,刨,咆
暴：爆,瀑,曝
卑：脾,牌,碑
贝：责,负,贫,贪,贺,货,赊,财,账
贲：喷,愤
必：密,蜜,秘
敝：蔽,憋,鳖,弊
辟：避,癖,劈,壁,璧
扁：篇,骗,偏,遍,编

并：拼，饼，迸

帛：绵，棉，锦

卜：补，扑，朴，仆

不：坏，环

C

才：财，材

采：彩，睬，踩，菜

参：掺，惨，渗

仓：沧，苍，伧，枪，抢

曹：糟，嘈，遭，槽

查：渣，碴

朝：潮，嘲

辰：唇，晨，震，振，辱

成：城，诚，盛

虫：独，浊，蛋，蚕

丑：扭，钮，纽

出：屈，拙，倔，掘，咄

刍：皱，煞，邹

串：患，窜

垂：陲，睡，锤，棰，捶

此：柴，紫，些

次：资，咨，姿

从：丛，纵，众，枞

崔：摧，催

寸：守，付，衬，村，时，对，过，讨

D

旦：胆，但，担，坦

当：挡，档

登：橙，蹬，澄

帝：蹄，啼

丁：订，钉，叮，盯，打

东：冻，栋

斗：抖，科，斟，魁，料

兑：悦，说，脱

多：侈，移，够，哆

E

尔：你，弥，猕

耳：耻，职，联，聘，饵，茸，茸

F

乏：泛，贬

反：版，板，饭，返

方：防，访，妨，纺，旅，仿

非：菲，霏，排，悲，匪，辈，徘

分：粉，芬，份，纷

风：讽，枫，飘，飚，飒，疯
奉：棒，捧
夫：扶，肤
孚：俘，浮
弗：沸，拂，佛
甫：捕，辅，哺，铺，搏，脯，膊，蒲，敷
付：付，附，腐，符，俯
复：履，覆

G

干：秆，杆，轩
甘：钳，甜，柑
冈：刚，钢，岗，纲
高：稿，搞
鬲：隔，融，膈
各：骆，路，洛，络
亘：恒，宣，喧，楦，渲
艮：狠，恨，狼，娘，恳，垦
更：硬，便，梗
共：洪，拱，哄
勾：构，钩，沟
古：枯，苦，姑，沽

谷：俗，裕，豁，浴
骨：滑，猾
瓜：孤，狐
官：馆，管，棺
贯：惯，贯，掼
广：旷，矿
圭：蛙，娃，洼，桂，挂，佳，涯，崖，封，畦
鬼：瑰，愧，槐，魏，魄，魂，魁
贵：溃，遗
呙：娲，祸，剐，锅，涡
果：棵，颗，课，稞

H

亥：该，核，咳，刻
合：哈，拾，答，给，塔，搭，恰
曷：渴，喝，竭，褐，揭
黑：默，墨，黥
胡：糊，蝴，湖
户：庐，炉，房，妒，驴
奂：焕，涣，换

荒：慌，谎
灰：诙，恢，碳，炭
火：灾，烧，煤，烤，炎，焚

J

及：级，极，汲，吸，圾
吉：结，洁，桔，诘
急：稳，隐，瘾
几：讥，凯，饥，肌
己：记，纪，妃
既：溉，慨，概
加：驾，架
夹：狭，峡，挟，侠，荚，颊
家：稼，嫁
兼：歉，赚，嫌，谦，廉
监：滥，槛
见：观，现，砚，觉，视
建：健，键
交：狡，校，郊，胶，效，跤，饺，绞，咬
皆：楷，谐
介：价，阶
今：贪，念，妗，吟

斤：折，析，近，浙，哲，晰
堇：谨，勤
京：凉，谅，晾，景，惊，掠
竟：镜，境
敬：警，擎，儆
居：据，剧
巨：矩，柜，拒，距
具：惧，俱
卷：倦，蜷
厥：橛，獗，
军：浑，挥，晕，晖，辉
君：群，裙

K

开：形，刑，型
亢：坑，炕，抗，吭
夸：垮，跨，挎，胯

L

兰：拦，栏，烂
阑：澜，斓
劳：涝，捞
乐：砾，烁

第三单元 形近字辨析

累：骡，螺，擦

里：童，埋，理，狸

力：边，动，劫，励，历

立：拉，垃，站，粒，泣，笠

利：俐，犁，梨

连：链，莲

良：娘，狼，酿

列：例，烈，裂，冽，咧

林：婪，楚，梦，禁

令：怜，伶，邻，冷，领，龄，铃，岭，玲，拎

留：榴，瘤，溜，遛

龙：拢，笼，庞，宠，茏，垄

娄：楼，搂，数，缕，偻，褛，萎

录：碌，绿，逮，剥

吕：铝，宫

率：摔，蟀

仑：纶，论，沦，伦，抢，轮

罗：萝，箩

马：驼，驮，驱，驰，妈，吗，骂

卖：续，读

曼：慢，漫，蔓，馒，幔

毛：毡，毯，毫

每：海，诲，悔，霉，晦，梅，侮

门：闲，闷，闭，闯，阔，闪

米：继，断，眯，迷

皿：盐，监，盆，盒，盂，猛，孟

免：挽，勉，冕，晚，娩，搀，馋

面：腼，缅

苗：描，猫，瞄

莫：墓，暮，幕，慕，摹，模，摸，漠

某：谋，媒，煤

木：林，材，村，柄，栖，枢，框，沐

M

麻：磨，摩，魔，靡

N

那：哪，挪，娜

乃：奶，仍，扔

难：滩，摊

疒：瘦，病，疗，疼，痒

内：纳，呐

鸟：鸣，莺，鹅，鹊，鹤

宁：狞，拧

农：浓，侬

奴：努，怒

女：妥，要，耍

佥：俭

欠：炊，吹，欢，饮，坎

乔：骄，桥，轿，娇，侨，矫

切：彻，砌，沏

且：阻，组，谊，宜，咀

青：清，晴，睛，蜻，猜，情，倩

秋：愁，揪，鳅

区：欧，沤，躯，驱，岖

屈：掘，倔

P

旁：榜，膀，傍，磅

皮：破，波，坡，彼，被，玻，披，疲，跛，皱

票：飘，漂，膘

R

刃：忍，仞

容：蓉，熔，溶，榕

Q

齐：济，挤，剂，跻

其：斯，期，欺

奇：绮，畸，崎，椅，倚

契：楔，揳

千：纤，迁

佥：险，检，验，脸，签，捡

S

尚：躺，淌，趟

勺：趵，钓，约，的，灼

少：妙，纱，抄，沙

舌：刮，乱，恬，括

申：神，伸，坤，绅

身：射，躲

甚：堪，斟，勘，湛
生：性，姓，星
豖：逐，琢，啄
氏：纸，低，底，抵
世：屈，泄，蝶，碟
市：闹，柿
示：标，祭，票
式：拭，试
是：提，题，堤
寿：涛，祷，踌，筹，铸
殳：股，役，投，没，般，设
叔：淑，椒，督
斯：撕，嘶，厮
寺：持，待，诗，侍，特，恃，峙

T

堂：瞠，膛
廷：挺，庭，霆，艇，蜓
童：幢，憧，撞

W

宛：碗，婉，腕，蜿

亡：忙，芒，虻
王：斑，班，狂，枉，琴，瑟
危：跪，桅，诡，脆
韦：伟，苇，纬
委：萎，魏
我：哦，饿，俄，鹅，娥，峨
吴：误，娱
吾：语，捂，悟，梧

X

昔：蜡，腊，惜，措，错，猎，借
咸：减，喊
相：箱，霜，湘
向：响，晌
肖：消，销，硝，梢，捎，稍，哨
辛：辩，辨，辫，瓣，辟，避
秀：锈，绣，诱，透
需：懦，儒
玄：弦，舷，眩
穴：窨，穷，空，窈，窕

Y

延：诞，蜒

奄：掩，淹，俺

彦：颜，谚

央：秧，映，殃

羊：详，样，洋，鲜，群

夭：袄，沃，跃，妖

尧：饶，绕，浇，挠，烧

䍃：遥，摇，瑶，谣

舀：稻，蹈

也：弛，驰，施

页：顽，烦，领，顺，须

矣：唉，挨，埃

亦：迹，峦，恋，变，弈，奕，蛮

易：惕，踢，剔，锡，赐

音：谙，暗，黯，喑，韵

永：咏，泳，脉

甬：通，痛，桶，诵，捅，俑，涌

用：拥，佣

尤：忧，优

由：迪，笛，油，邮，抽，袖，柚，庙

酉：酒，酥，酬，醉，配，酿

又：权，杈

幼：窈，坳，拗

于：宇，吁，迂

余：涂，途，斜，叙，徐，除

鱼：鳅，鲜，鳍，鲸，鲇

俞：愉，输，愈，榆，喻，偷，瑜

禺：遇，愚，隅，嵎，偶，藕

羽：翔，翩，翘，翻，翅，翱

雨：霎，雾，雷，雪，霜，霆，雹

聿：律，津

元：远，完，玩，园

员：陨，损

原：愿，源

爰：援，暖，缓

约：药

月：朋，膊，脯，育，肓，脊，背

云：芸，动，运，耘

匀：均，钧

Z

则：测，侧，铡

曾：增，赠，僧，憎

乍：作，昨，诈，炸

詹：檐，瞻

斩：渐，崭，暂

展：辗，碾

占：沾，粘，玷，站，战，帖，贴

章：障，彰，獐

长：涨，胀，张

召：招，照，沼

兆：挑，桃，窕，逃

者：都，煮，暑，署，诸，绪，赌，睹，堵，躇

真：慎，填

正：证，征，歪，焉，惩，症

之：乏，芝，泛

支：枝，技，歧，鼓，肢，岐

直：植，值，殖，置

止：址，趾，耻

只：识，织，职，积，帜

至：侄，室，倒，到，致

舟：航，舰，舱，船，般

周：凋，调，绸，雕，稠

朱：株，珠，侏

主：注，往，柱，驻，住

佳：维，推，堆，准，锥，椎

卓：桌，绰，悼，掉

兹：慈，滋，磁

宗：棕，综，踪，淙，崇

走：趣，趋，越，起，趟，超，陡，徒

奏：凑，揍

坐：座，挫

第四单元 容易出错的汉字

第一节 学生容易写错的汉字

A

哀（āi）　　误写：衰（shuāi）
嗳（ài）　　误写：暖（nuǎn）
安（ān）　　误写：按（àn）
谙（ān）　　误写：暗（àn）
黯（àn）　　误写：暗（àn）
昂（áng）　　误写：昴（mǎo）
懊（ào）　　误写：奥（ào）

B

拔（bá）　　误写：拨（bō）
跋（bá）　　误写：拔（bá）
拜（bài）　　误写：败（bài）
班（bān）　　误写：搬（bān）
斑（bān）　　误写：班（bān）
抱（bào）　　误写：报（bào）
暴（bào）　　误写：抱（bào）
曝（bào）　　误写：暴（bào）
碧（bì）　　误写：璧（bì）
蔽（bì）　　误写：敞（chǎng）
砭（biān）　　误写：贬（biǎn）
辩（biàn）　　误写：辨（biàn）、辫（biàn）
憋（biē）　　误写：弊（bì）
濒（bīn）　　误写：频（pín）
亳（bó）　　误写：毫（háo）
舶（bó）　　误写：泊（bó）
搏（bó）　　误写：博（bó）、膊（bó）
部（bù）　　误写：步（bù）

第四单元 容易出错的汉字

C

彩（cǎi） 误写：采（cǎi）
苍（cāng） 误写：仓（cāng）
岔（chà） 误写：叉（chà）
婵（chán） 误写：禅（chán）
谗（chán） 误写：馋（chán）
尝（cháng） 误写：偿（cháng）
怅（chàng） 误写：伥（chāng）
嗔（chēn） 误写：瞋（chēn）
笞（chī） 误写：苔（tái）
弛（chí） 误写：驰（chí）
饬（chì） 误写：饰（shì）
憧（chōng） 误写：瞳（tóng）
崇（chóng） 误写：祟（suì）
筹（chóu） 误写：愁（chóu）
淳（chún） 误写：谆（zhūn）、
　　　　　　　　　惇（dūn）
辍（chuò） 误写：缀（zhuì）
篡（cuàn） 误写：纂（zuǎn）
摧（cuī） 误写：催（cuī）
粹（cuì） 误写：萃（cuì）

D

戴（dài） 误写：带（dài）
眈（dān） 误写：耽（dān）

诋（dǐ） 误写：抵（dǐ）
谛（dì） 误写：啼（tí）
缔（dì） 误写：蒂（dì）
掂（diān） 误写：惦（diàn）
玷（diàn） 误写：沾（zhān）
叠（dié） 误写：迭（dié）
陡（dǒu） 误写：徒（tú）
渡（dù） 误写：度（dù）
掇（duō） 误写：辍（chuò）
堕（duò） 误写：坠（zhuì）

E

扼（è） 误写：厄（è）
遏（è） 误写：竭（jié）
噩（è） 误写：恶（è）

F

砝（fǎ） 误写：法（fǎ）
返（fǎn） 误写：反（fǎn）
妨（fáng） 误写：防（fáng）
绯（fēi） 误写：菲（fēi）
蜚（fēi） 误写：斐（fěi）
费（fèi） 误写：废（fèi）
分（fēn） 误写：份（fèn）
奋（fèn） 误写：愤（fèn）

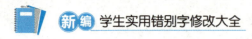

俸（fèng）	误写：奉（fèng）	亨（hēng）	误写：享（xiǎng）
辐（fú）	误写：幅（fú）	侯（hóu）	误写：候（hòu）
副（fù）	误写：幅（fú）	弧（hú）	误写：狐（hú）
覆（fù）	误写：复（fù）	胡（hú）	误写：糊（hú）

G

肓（huāng）误写：盲（máng）
荒（huāng）误写：慌（huāng）
幌（huǎng）误写：晃（huǎng）
诙（huī）误写：恢（huī）
汇（huì）误写：会（huì）
荟（huì）误写：会（huì）

赅（gāi）	误写：骇（hài）
概（gài）	误写：慨（kǎi）
钩（gōu）	误写：勾（gōu）
诟（gòu）	误写：垢（gòu）
股（gǔ）	误写：骨（gǔ）
蛊（gǔ）	误写：盅（zhōng）
鼓（gǔ）	误写：股（gǔ）
雇（gù）	误写：顾（gù）
贯（guàn）	误写：惯（guàn）
犷（guǎng）	误写：旷（kuàng）
瑰（guī）	误写：魁（kuí）
诡（guǐ）	误写：鬼（guǐ）
聒（guō）	误写：刮（guā）
果（guǒ）	误写：裹（guǒ）

J

跻（jī）	误写：齐（qí）
及（jí）	误写：急（jí）
即（jí）	误写：既（jì）
亟（jí）	误写：急（jí）
辑（jí）	误写：揖（yī）
既（jì）	误写：继（jì）
冀（jì）	误写：翼（yì）
戛（jiá）	误写：嘎（gā）
菅（jiān）	误写：管（guǎn）
矫（jiǎo）	误写：娇（jiāo）
脚（jiǎo）	误写：角（jiǎo）
孑（jié）	误写：子（zǐ）
节（jié）	误写：结（jié）
金（jīn）	误写：斤（jīn）

H

涵（hán）	误写：函（hán）
撼（hàn）	误写：憾（hàn）
合（hé）	误写：和（hé）

第四单元 容易出错的汉字

锦（jǐn）	误写：绵（mián）	厉（lì）	误写：历（lì）
胫（jìng）	误写：径（jìng）	励（lì）	误写：厉（lì）
竞（jìng）	误写：竟（jìng）	联（lián）	误写：连（lián）
灸（jiū）	误写：炙（zhì）	练（liàn）	误写：炼（liàn）
俱（jù）	误写：具（jù）	梁（liáng）	误写：粱（liáng）
竣（jùn）	误写：峻（jùn）	留（liú）	误写：流（liú）
		孪（luán）	误写：挛（luán）

K

慨（kǎi）	误写：概（gài）		
勘（kān）	误写：斟（zhēn）、堪（kān）		

M

		卖（mài）	误写：买（mǎi）
窠（kē）	误写：巢（cháo）	牦（máo）	误写：耗（hào）
颗（kē）	误写：棵（kē）	贸（mào）	误写：冒（mào）
磕（kē）	误写：嗑（kē）	迷（mí）	误写：谜（mí）
恳（kěn）	误写：肯（kěn）	靡（mǐ）	误写：糜（mí）
垮（kuǎ）	误写：跨（kuà）	渺（miǎo）	误写：缈（miǎo）
脍（kuài）	误写：烩（huì）	明（míng）	误写：名（míng）
诓（kuāng）	误写：匡（kuāng）	谬（miù）	误写：缪（móu）
匮（kuì）	误写：馈（kuì）	模（mó）	误写：摹（mó）
		墨（mò）	误写：默（mò）
		募（mù）	误写：幕（mù）

L

蜡（là）	误写：腊（là）		
赖（lài）	误写：癞（lài）		

N

蓝（lán）	误写：篮（lán）	赧（nǎn）	误写：赦（shè）
吏（lì）	误写：史（shǐ）	恼（nǎo）	误写：脑（nǎo）
		昵（nì）	误写：呢（ne）

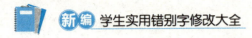

蹑（niè）　误写：摄（shè）
纽（niǔ）　误写：扭（niǔ）
驽（nú）　误写：弩（nǔ）

O

讴（ōu）　误写：呕（ǒu）
殴（ōu）　误写：欧（ōu）
呕（ǒu）　误写：沤（òu）

P

赔（péi）　误写：陪（péi）
纰（pī）　误写：批（pī）
僻（pì）　误写：辟（pì）
剽（piāo）　误写：嫖（piáo）

Q

其（qí）　误写：奇（qí）
葺（qì）　误写：茸（róng）
洽（qià）　误写：恰（qià）
磬（qìng）　误写：磐（pán）
罄（qìng）　误写：磬（qìng）
券（quàn）　误写：卷（juǎn）
鹊（què）　误写：雀（què）

R

饶（ráo）　误写：绕（rào）

溶（róng）　误写：熔（róng）
糅（róu）　误写：揉（róu）
睿（ruì）　误写：锐（ruì）
偌（ruò）　误写：若（ruò）

S

臊（sào）　误写：搔（sāo）
生（shēng）　误写：声（shēng）
世（shì）　误写：事（shì）
恃（shì）　误写：持（chí）
溯（sù）　误写：朔（shuò）
祟（suì）　误写：崇（chóng）

T

题（tí）　误写：提（tí）
投（tóu）　误写：头（tóu）

W

惋（wǎn）　误写：婉（wǎn）
惘（wǎng）　误写：罔（wǎng）
慰（wèi）　误写：蔚（wèi）
鹜（wù）　误写：鹜（wù）

X

徙（xǐ）　误写：徒（tú）
瑕（xiá）　误写：暇（xiá）

第四单元　容易出错的汉字

厢（xiāng）	误写：箱（xiāng）			
相（xiàng）	误写：像（xiàng）			
像（xiàng）	误写：象（xiàng）			
泻（xiè）	误写：泄（xiè）			
型（xíng）	误写：形（xíng）			
旋（xuán）	误写：弦（xián）			

Z

澡（zǎo）	误写：噪（zào）
燥（zào）	误写：躁（zào）
蛰（zhé）	误写：蜇（zhē）
谪（zhé）	误写：嫡（dí）
只（zhī）	误写：支（zhī）
枝（zhī）	误写：支（zhī）
洲（zhōu）	误写：州（zhōu）
嘱（zhǔ）	误写：瞩（zhǔ）
作（zuò）	误写：做（zuò）
座（zuò）	误写：坐（zuò）

Y

赝（yàn）	误写：膺（yīng）
冶（yě）	误写：治（zhì）
已（yǐ）	误写：己（jǐ）
竽（yú）	误写：芋（yù）
渔（yú）	误写：鱼（yú）
源（yuán）	误写：园（yuán）

第二节　学生容易读错的汉字

A

	正确读音	错误读音
腌臜	ā	ān, yān
白雪皑皑	ái	kǎi
雾霭	ǎi	hè, yè
狭隘	ài	yì

	正确读音	错误读音
不谙水性	ān	yīn
草庵	ān	yān
盎然	àng	yāng
凹凸	āo	wā
鏖战	áo	lù
老媪	ǎo	wēn
拗口	ào	yōu

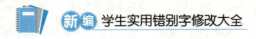

B

	正确读音	错误读音
柏树	bǎi	bò
稗官野史	bài	bēi, bì
颁布	bān	fēn
鹬蚌相争	bàng	fēng
剥花生	bāo	bō
悖行	bèi	bó
蓓蕾	bèi	péi
焙制	bèi	péi
迸裂	bèng	bìng
刚愎自用	bì	fù
奴婢	bì	bēi
秘鲁	bì	mì
麻痹	bì	pí
针砭	biān	fá
蝙蝠	biān	piān
鱼鳔	biào	piāo
濒临	bīn	pín
衣钵	bō	běn
哺育	bǔ	pǔ

C

	正确读音	错误读音
粗糙	cāo	zào
刹那	chà	shà
头钗	chāi	chā
蟾蜍	chán	zhān
谄媚	chǎn	xiàn
忏悔	chàn	qiān
为虎作伥	chāng	zhàng
一场雨	cháng	chǎng
赔偿	cháng	shàng
坼裂	chè	chāi
风驰电掣	chè	zhì
抻面	chēn	shēn
嗔怪	chēn	zhēn
称职	chèn	chèng
瞠目结舌	chēng	táng
电饼铛	chēng	dāng
惩罚	chéng	zhěng
驰骋	chěng	pìn
鞭笞	chī	tái
汤匙	chí	shí
踟蹰	chí chú	zhī zhú
奢侈	chǐ	yí
不啻	chì	dì

第四单元 容易出错的汉字

	正确读音	错误读音
敕令	chì	shè
炽热	chì	zhì
舂米	chōng	chūn
憧憬	chōng	chóng
忧心忡忡	chōng	zhōng
瞅见	chǒu	qiū
雏形	chú	zōu
杵药	chǔ	wǔ
相形见绌	chù	duō
人影幢幢	chuáng	zhuàng
悲怆	chuàng	qiāng
椎心	chuí	zhuī
辍学	chuò	zhuì
猝死	cù	cuì
攒动	cuán	zǎn
忖度	cǔn	cùn
痤疮	cuó	zuó

D

	正确读音	错误读音
一沓	dá	tà
鞑靼	dá	dàn
傣族	dǎi	tài
殆尽	dài	tái
啖肉	dàn	yán

	正确读音	错误读音
弹丸	dàn	tán
档案	dàng	dǎng
跌宕	dàng	tuó
提防	dī	tí
洗涤	dí	tiáo
棣棠	dì	lì
滇剧	diān	zhēn
玷污	diàn	zhān
恫吓	dòng hè	tòng xià
踱步	duó	dù

E

	正确读音	错误读音
阿谀	ē	ā
讹诈	é	huà
遏制	è	jié
摁住	èn	àn

F

	正确读音	错误读音
藩镇	fān	pān
绯红	fēi	fěi
妄自菲薄	fěi	fēi
犬吠	fèi	quǎn

	正确读音	错误读音
气氛	fēn	fèn
涪陵	fú	péi
仿佛	fú	fó
米芾	fú	shì
果脯	fǔ	pǔ
杜甫	fǔ	pǔ
物阜民丰	fù	bù
讣告	fù	bǔ

G

	正确读音	错误读音
准噶尔	gá	gé
力能扛鼎	gāng	káng
脖颈	gěng	jǐng
呱呱坠地	gū	guā
商贾	gǔ	jiǎ
桎梏	gù	gào
粗犷	guǎng	kuàng
皈依	guī	fǎn

H

	正确读音	错误读音
骨骸	hái	gāi
契诃夫	hē	kē
干涸	hé	gù
荷锄	hè	hé
飞来横祸	hèng	héng
一哄而散	hòng	hōng, hǒng
踝骨	huái	kē
浣纱	huàn	wán
溃脓	huì	kuì
和面	huó	huò

J

	正确读音	错误读音
畸形	jī	qí
窗明几净	jī	jǐ
人才济济	jǐ	jì
发酵	jiào	xiào
粳米	jīng	gēng
靓妆	jìng	liàng
角色	jué	jiǎo
龟裂	jūn	guī

K

	正确读音	错误读音
同仇敌忾	kài	qì
鸟瞰	kàn	gǎn

第四单元 容易出错的汉字

	正确读音	错误读音
不卑不亢	kàng	kēng
窠臼	kē	guǒ
恪守	kè	gē
会计	kuài	huì
岿然	kuī	guī

L

	正确读音	错误读音
落不是	lào	luò
勒索	lè	lēi
羸弱	léi	yíng
罹难	lí	wéi
撩水	liāo	liáo
恶劣	liè	lüè

M

	正确读音	错误读音
抹桌子	mā	mò
埋怨	mán	mái
联袂	mèi	jué
分娩	miǎn	wǎn
脉脉	mò	mài
模样	mú	mó

N

	正确读音	错误读音
泥淖	nào	zhāo
气馁	něi	tuǒ
拈花惹草	niān	zhān
婀娜	nuó	nà
懦弱	nuò	xū

O

	正确读音	错误读音
讴歌	ōu	qū
偶然	ǒu	yù

P

	正确读音	错误读音
心广体胖	pán	pàng
喷香	pèn	pēn
砒霜	pī	pí
癖好	pǐ	pì
睥睨	pì	bì
媲美	pì	bì
大腹便便	pián	biàn
剽悍	piāo	piáo
骠勇	piào	biāo
湖泊	pō	bó
十里堡	pù	bǎo

Q

	正确读音	错误读音
修葺	qì	róng
哨卡	qiǎ	kǎ
悭吝	qiān	jiān
牵强附会	qiǎng	qiáng
怯懦	qiè	què
惬意	qiè	xiè
亲家	qìng	qìn
面面相觑	qù	xū
蜷缩	quán	juǎn

R

	正确读音	错误读音
稔知	rěn	niàn
繁文缛节	rù	rǔ
阮咸	ruǎn	yuán
枘凿	ruì	nèi

S

	正确读音	错误读音
缫丝	sāo	cháo
禅让	shàn	chán
浩浩汤汤	shāng	dàng
妊娠	shēn	chén

	正确读音	错误读音
哂笑	shěn	xī
舐犊之情	shì	tiǎn
涮洗	shuàn	shuā
骨髓	suǐ	suí

T

	正确读音	错误读音
鞭挞	tà	dá
迢迢	tiáo	zhāo
恸哭	tòng	dòng
湍急	tuān	chuān
蜕化	tuì	tuō
臀部	tún	diàn

W

	正确读音	错误读音
绾结	wǎn	guān
藤蔓	wàn	màn
崔嵬	wéi	guǐ
斡旋	wò	dōu
运筹帷幄	wò	wū

X

	正确读音	错误读音
膝盖	xī	qī

第四单元 容易出错的汉字

	正确读音	错误读音
狡黠	xiá	jié
纤维	xiān	qiān
馋涎欲滴	xián	yán
琴弦	xián	xuán
混淆	xiáo	yáo
生肖	xiào	xiāo
挟持	xié	jiá
浑身解数	xiè	jiě
自诩	xǔ	yǔ

Y

	正确读音	错误读音
赝品	yàn	yīng
杳无音信	yǎo	chá
莫邪	yé	xié
拜谒	yè	ǎi
呜咽	yè	yān

	正确读音	错误读音
造诣	yì	zhǐ
翌日	yì	lì, yǔ
自怨自艾	yì	ài
老妪	yù	qū
断壁残垣	yuán	gèn, huán
愠色	yùn	wēn

Z

	正确读音	错误读音
扎小辫	zā	zhā
箴言	zhēn	jiān
日臻完善	zhēn	qín
踯躅	zhí	zhèng
栉风沐雨	zhì	jié
助纣为虐	zhòu	cùn
不吱声	zī	zhī
桑梓	zǐ	xīn

第三节 学生容易用错的汉字

A

唉声叹气	误用：哀
挨过寒冬	误用：捱
狭隘	误用：嗌

谙熟	误用：暗
慷慨激昂	误用：扬
盎然	误用：昂
独占鳌头	误用：鳖
遨游	误用：翱

新编 学生实用错别字修改大全

山坳	误用：拗	亳州	误用：毫
		博弈	误用：搏奕
B		赌博	误用：赙
飞扬跋扈	误用：拔	按部就班	误用：步
甘拜下风	误用：败		
班师回朝	误用：搬	**C**	
依山傍水	误用：旁		
英镑	误用：磅	没精打采	误用：彩
宫保鸡丁	误用：爆	惨无人道	误用：残
永葆青春	误用：保	胡子拉碴	误用：渣
抱负	误用：报	墨守成规	误用：陈
暴躁	误用：爆	可乘之机	误用：趁
备课	误用：背	松弛	误用：驰
并行不悖	误用：勃	一筹莫展	误用：愁
人才辈出	误用：倍	相形见绌	误用：拙
笔挺	误用：毕	精粹	误用：萃
锋芒毕露	误用：必		
刚愎自用	误用：腹	**D**	
惩前毖后	误用：毙		
珠联璧合	误用：壁	扯淡	误用：蛋
鞭长莫及	误用：边	虎视眈眈	误用：耽耽
针砭时弊	误用：贬	独当一面	误用：挡
便宜行事	误用：变	挂挡	误用：档
飙车	误用：飚	经验老到	误用：道
濒临	误用：频	黄澄澄	误用：橙橙
秉公	误用：禀	顶级	误用：鼎
		签订合同	误用：定
		渡过难关	误用：度

第四单元 容易出错的汉字

E

婀娜	误用：阿
厄运	误用：恶
饿虎扑食	误用：恶
噩梦	误用：恶
惊愕	误用：谔
偶尔	误用：而
闻名遐迩	误用：尔

F

三番五次	误用：翻
藩篱	误用：蕃
繁文缛节	误用：烦
反复无常	误用：返
防患于未然	误用：范
妨碍	误用：防
蜚声	误用：斐
浪费	误用：废
本分	误用：份
奋发图强	误用：愤
麻风病	误用：疯
俸禄	误用：奉
入不敷出	误用：付
深孚众望	误用：负
不修边幅	误用：副

感人肺腑	误用：附
破釜沉舟	误用：斧
名副其实	误用：付
天翻地覆	误用：复
驸马	误用：附

G

言简意赅	误用：该
气概	误用：慨
钓鱼竿	误用：杆
擀面杖	误用：杆
抬杠	误用：扛
枯槁	误用：稿
天各一方	误用：隔
脚跟	误用：根
亘古	误用：更
梗塞	误用：埂
骨鲠在喉	误用：梗
工薪阶层	误用：公
事半功倍	误用：工
卑躬屈膝	误用：恭
一笔勾销	误用：钩
污垢	误用：诟
待价而沽	误用：估
悬梁刺股	误用：骨
阳关大道	误用：光

061

流光溢彩	误用：金	籍贯	误用：藉
诡计多端	误用：鬼	狼藉	误用：籍
		不计其数	误用：记
		嘉奖	误用：佳

H

震撼	误用：憾	汗流浃背	误用：夹
引吭高歌	误用：亢	戛然而止	误用：嘎
呵斥	误用：喝	不假思索	误用：加
性格不合	误用：和	草菅人命	误用：管
哄堂大笑	误用：轰	监守自盗	误用：坚
声音洪亮	误用：宏	三缄其口	误用：箴
老奸巨猾	误用：滑	唇枪舌剑	误用：战
画句号	误用：划	一箭之仇	误用：剑
人心惶惶	误用：慌慌	缴械投降	误用：交
		矫揉造作	误用：娇
		矫健	误用：骄

J

		直截了当	误用：接
当机立断	误用：即	戒心	误用：介
饥肠辘辘	误用：肌	告诫	误用：戒
通缉	误用：辑	一诺千金	误用：斤
跻身	误用：挤	情不自禁	误用：尽
迫不及待	误用：急	背井离乡	误用：景
亟待解决	误用：急	陷阱	误用：井
气急败坏	误用：极	炯炯有神	误用：迥迥
疾言厉色	误用：急	鸠占鹊巢	误用：鸦
愤世嫉俗	误用：疾	既往不咎	误用：究
贫瘠	误用：脊	家具	误用：俱

第四单元 容易出错的汉字

K

克敌制胜	误用：刻
豆蔻年华	误用：寇
脍炙人口	误用：烩

L

丢三落四	误用：拉
蓝本	误用：篮
谰言	误用：澜
览胜	误用：揽
滥竽充数	误用：烂
危如累卵	误用：垒
再接再厉	误用：励
寥寥无几	误用：廖廖
戮力同心	误用：戳
美轮美奂	误用：仑
啰唆	误用：罗

M

蟊贼	误用：毛
哈密瓜	误用：蜜
绵里藏针	误用：棉
沉湎	误用：缅
摩拳擦掌	误用：磨

N

声呐	误用：纳
按捺不住	误用：耐
难耐	误用：奈
恼羞成怒	误用：脑
拈轻怕重	误用：沾
碾碎	误用：辗
忸怩	误用：扭
强弩之末	误用：努
疟疾	误用：虐
懦弱	误用：儒

O

讴歌	误用：呕
金瓯无缺	误用：欧
打架斗殴	误用：伛
呕心沥血	误用：沤
无独有偶	误用：隅
怄气	误用：呕

P

坚如磐石	误用：盘
判决	误用：叛
旁若无人	误用：傍
如法炮制	误用：泡

佩带	误用：配
蓬荜生辉	误用：篷
噼里啪啦	误用：辟
纰漏	误用：批
否极泰来	误用：不
剽悍	误用：膘
平心而论	误用：凭

Q

出其不意	误用：奇
修葺	误用：茸
跷起腿	误用：翘
山清水秀	误用：青
委曲求全	误用：屈
声名鹊起	误用：雀

R

水乳交融	误用：溶
糅合	误用：揉

S

少安毋躁	误用：稍
各行其是	误用：事
舐犊情深	误用：舔
殊不知	误用：孰

表率	误用：帅
厮打	误用：撕
雾凇	误用：淞

T

一摊水	误用：滩
炭烧	误用：碳
蹚浑水	误用：淌
熨帖	误用：贴
铤而走险	误用：挺

W

慰藉	误用：蔚
文火	误用：温
好高骛远	误用：鹜

X

嬉笑怒骂	误用：嘻
檄文	误用：激
弃如敝屣	误用：履
销声匿迹	误用：消
发人深省	误用：醒
不省人事	误用：醒
宣泄	误用：渲
寒暄	误用：喧

第四单元 容易出错的汉字

炫目	误用：眩
徇私舞弊	误用：circ

Y

牙牙学语	误用：呀呀
察言观色	误用：颜
沿用	误用：延
神采奕奕	误用：弈弈
优哉游哉	误用：悠
怨天尤人	误用：忧
世外桃源	误用：园

Z

敲诈	误用：榨
心惊胆战	误用：颤
明火执仗	误用：杖
账户	误用：帐
蛰伏	误用：蜇
饮鸩止渴	误用：鸠
振聋发聩	误用：震
坐镇指挥	误用：阵
仗义执言	误用：直
神志不清	误用：智
神舟八号	误用：州
真知灼见	误用：卓
恣意妄为	误用：姿
大有作为	误用：做
坐标	误用：座
坐月子	误用：做

第四节　学生易错易混字辨析

A

蔼 ǎi　霭 ǎi

这两个字为形声字，形旁分别为草字头和雨字头。"蔼"表示和气、和善，如"蔼然""和蔼可亲"；"霭"表示云气，如"烟霭""暮霭"。

暧 ài　暖 nuǎn

这两个字的字音不同，字形相近，均为形声字，左右结构，形旁为"日"，本义都与光有关，容易混淆。"暧"指日光昏暗，如"暧昧"。"暖"有暖和之意，如"温暖""暖意"。

安 ān　按 àn

这两个字读音、字形相近，而意义不同。"安"是会意字，上面的"宀"表示一座房子，女子坐在里面安全又舒适，意为平安，如"安稳""安居乐业"等。"按"是左右结构的形声字，形旁为"扌"，表示动作，指用手或指头压，也有抑制、压住之意，如"按捺""按摩""按揭""按钮"等。

暗 àn　黯 àn

这两个字的读音相同，都有暗淡的意思，但用法不同。两个字均为形声字，左右结构。"暗"的形旁为"日"，本义指光线昏暗、隐藏不露或糊涂等。"黯"的形旁为"黑"，本义是表示颜色深黑，多用于抽象义，形容忧郁伤感的样子。"暗"与"黯"只有在表示暗淡时可通用。

B

扒 bā/pá 趴 pā

这两个字的读音、字形相近,而意义不同。两个字均为形声字,左右结构。"扒"的形旁为"扌",用于靠手的动作,读bā时,指抓住、刨或挖;读pá时,指用手或用耙子一类的工具使东西聚拢或散开,也指用手搔、抓、挠等。"趴"的形旁为"⻊",指胸腹朝下卧倒,也指身体向前靠在物体上等。

报 bào 抱 bào

这两个字的读音相同,而字形、意义不同。"报"的主要义项有:①告诉,如"报名""隐情不报";②报答,如"报效""报恩";③报复,如"报仇";④报纸和某些刊物,如"订报""画报";⑤消息,如"情报"。"抱"的义项有:①用手臂围住,如"抱膝""抱住";②初次得到;③心里存着,如"抱歉""抱恨终天";④结合在一起,如"抱团儿"。这两个字主要在"报复"和"抱负"、"报怨"和"抱怨"上容易混淆:"报复"指打击批评自己或损害自己利益的人,"抱负"指远大的志向;"报怨"指对所怨恨的人做出反应,"抱怨"指埋怨别人。

暴 bào/pù 爆 bào
曝 bào/pù 瀑 pù

"暴"是会意字,上边一个日,中间是表示两手捧物的"廾",合起来表示把米拿到阳光下照晒。"暴"有两个读音:bào和pù。读bào时,因阳光强烈地晒而引申出突然而且猛烈,如"暴涨""山洪暴发""暴君""脾气暴"等。读作pù时,同"曝(pù)"。

"爆"是形声字,它的本义是炸裂发声,所以意思侧重于:①猛然破裂或迸出,如"爆炸""爆竹""火山爆发""爆发战争";②指烹调方法,用滚油稍微一炸或用滚水稍微一煮,如"爆炒""爆肚儿"等。

"曝"是形声字,本义是晒。它有两个读音:bào和pù。读作bào时,用于"曝光"一词。读作pù时,指晒,如"曝晒""一曝十寒"。

瀑:瀑布,飞瀑。"瀑"只能作名词,"爆""曝"都可作动词。

敝 bì 蔽 bì 弊 bì
憋 biē 蹩 bié

"敝"的形容词用法:①破旧,破烂(如"敝帚自珍");②衰败(如"民生凋敝");③谦辞,用于称与自己有关的事物,如"敝人"。

"蔽"的动词用法:遮盖,挡住,如"遮蔽""衣不蔽体"。

"弊"的名词用法:①指欺诈蒙骗、图占便宜的行为,如"作弊";②害处,毛病,如"兴利除弊"。

"憋"字形旁为"心",基本意思是气不通,如"憋气""憋屈"。

"蹩"字形旁为"足",脚腕子扭伤或手腕子扭伤的意思,如"蹩脚文章"。

辩 biàn 辨 biàn

"辩"的中间为"讠(言)",表示与语言有关的意思,指用理由和根据说明真伪、是非,如"辩论""争辩""狡辩"等。

"辨"在古汉语中中间为"刀",表示以刀剖物、砍等,指判别、分辨,如"辨别""分辨不清""明辨是非"等。

"分辨"和"分辩"是两个不同的词,充分体现"辨"与"辩"的区分,不能互换。"分辨"指辨别,如"那天雾特别大,他连方向都分辨不清楚了"。而"分辩"指辩白,如

第四单元 容易出错的汉字

"随他怎么说吧，我不想分辩，事实会证明一切的"。

部 bù　步 bù　布 bù

"部"是形声字，"阝"为形旁，"咅"为声旁，表示与行政区域有关，后来引申义有部分、部门（如"编辑部"），门类（如"按部就班"），安排布置（如"部署"），统辖、统率（如"刘邓所部"）等含义。

"步"是会意字，表示两脚一前一后走路。它的本义就是行走，后来引申为行走时两脚间的距离、脚步（如"步伐"），阶段（如"下一步"），踩、踏（如"步人后尘"）等含义。

"布"是形声字，本义：麻布、布匹，古代的一种钱币（如"抱布贸丝"）。引申为宣告、宣布（如"布告"），散布、公布（如"星罗棋布"），布置（如"布阵""布景""布局"）。

C

才 cái　材 cái

这两个字读音相同，字形相近，而意义不同。"才"作名词时主要用于人，义项有：①才能，如"德才兼备""才华横溢""人尽其才"等；②从才能方面指某类人，如"奇才""将才"；③副词，如"只有……才能……"。"材"指材料，义项有：①木材，材料，资料，资质能力等，如"就地取材""题材""耗材""大材小用""因材施教""天生我材必有用"；②指某类人，如"蠢材"。

采 cǎi　彩 cǎi

这两个字读音相同，字形相近，而字义有明显区别。这两个字在字形上的区别是"彩"多了形旁"彡"。"采"多作动词，义项有：①摘，如"采茶"；②开采，如"采矿"；③搜集，如"采风"；④选取，如"采购"。而"彩"字义项较多，无动词用法。在表示色彩时，这两个字有精神、外形之别："采"偏于表精神状态；"彩"则偏于外形，如"五彩""彩云""彩排"等。

长 cháng　常 cháng

这两个字读音相同，意义相近，容易混用。这两个字都有长久、长期之意，但有区别。"长"多作形容词，指两端之间的距离大（用于空间、时间），如"长年累月""长治久安""长此以往"。"常"多作副词，指时常、常常，如"常备不懈""常胜将军""常来常往"。

驰 chí　弛 chí

这两个字读音相同，字形相近，而意义不同。这两个字均为形声字，左右结构。

"驰"的形旁为"马"，指车马等跑得快，如"飞驰"。引申义有两种：传播，如"驰名"；向往，如"心驰神往"。

"弛"的形旁为"弓"，指放松弓弦，引申为解除、松懈，如"弛禁""松弛"。

崇 chóng　祟 suì

崇：形声字，声旁是"宗"，意思是像山一样又高又大。祟：会意字，"示"与鬼神有关，表示鬼魅出来作怪，所以"作祟""鬼鬼祟祟"等都必须写"祟"。

萃 cuì　粹 cuì

这两个字读音相同，字形相近，而字义不同。"萃"作动词，本义是草丛生的样子，引申为聚集，如"荟萃"；作名词，指聚集在一起的人或物，如"集萃""出类拔萃"。"粹"作形容词，指纯净无杂，如"纯粹"；作名词，指精华，如"精粹""国粹"等。

第四单元 容易出错的汉字

D

带 dài　戴 dài

这两个字读音相同，而字形、意义不同。两字均有把东西挂放在身上的意思，但放的目的不同："带"主要是佩带、携带，"戴"指穿戴。放的部位也不同：把东西放在腰部用"带"，如"带枪""带剑"；把东西放在头、面、胸等处用"戴"，如"戴手表""戴红领巾"。"带"另有拿着、带领、带动、照看的意思，"戴"另有拥护尊敬的意思。

定 dìng　订 dìng

这两个字读音相同，而字形、意义不同。在表示决定、确定的意义时，两字有细微差别："定"着重指决定下来，不再改变；"订"着重指评议、商议，由不完善到逐步完善。在表示预先约定的意义时，都有约定的意思，前者偏重决定、规定，后者侧重商定、预定，如"订单""订货"不要写成"定单""定货"。

度 dù/duó　渡 dù

这两个字读音相同，字形、意义相近。这两个字都有通过、由此到彼的意思，但对象不同："度"着重在时间，指经过一段时间，如"度日""虚度年华"等；"渡"用于空间，指通过一片水域，从此岸到达彼岸，常用于比喻通过困难时期，如"渡河""远渡重洋"等。另外，"度"读duó时，表示推测、估计之意，如"揣度""审时度势"。

F

番 fān　翻 fān

这两个字读音相同，字形相近，而意义不同。两字均与数量有关，但"番"可作量词：①指回、次、遍，如"三番五次"；②指种、样，如"别有一番天地"；③用于心思、言语、过程等（数词限于"一""几"），如"一番好意""这番话"。"番"还可以作动词，表示更替、轮换，如"轮番""更番"。

"翻"只能作动词：①上下或里外位置变换、歪倒、反转，如"翻船""人仰马翻"；②推翻原来的，如"翻案""翻供"；③把一种语言文字翻译成另一种语言文字，如"翻译"；④态度突然变坏，如"翻脸""闹翻"；⑤数字成倍增加，如"翻两番"；⑥越过，如"翻山越岭"；⑦为了寻找而移动上下物体的位置，如"翻箱倒柜"。

繁 fán　烦 fán

这两个字读音相同，字形、意义不同。两字均有多的意思。繁：①繁多，着重指多，如"纷繁""繁忙"等；②生物增加新个体，如"繁殖"；③复杂（与"简"相对），如"繁杂""删繁就简"；④兴盛，如"繁茂""繁华"。烦：①烦闷，如"烦恼"等；②多而杂乱，如"繁杂"；③搅扰，如"烦扰"；④敬辞，表示请、托，如"烦劳"。

防 fáng　妨 fáng

这两个字读音相同，字形相近，而意义不同。"防"的义项有：①戒备，预先做好应急准备，如"防备""防患于未然"；②守卫，如"防守""边防"；③堤坝、挡水的构筑物，如"堤防"。"妨"的义项有：①阻碍、伤害，如"妨碍""妨害"；②迷信的人指某人或某物对人不利，如"妨主"。

分 fēn/fèn　份 fèn

"分"是会意字，从八，从刀。上部"八"是分的意

第四单元 容易出错的汉字

思,下部"刀"指以刀剖物,使之分开。"分"的本义是一分为二,分开。读fēn时,有分配、辨别、部分、分数等意思。读fèn时,表示的意思有:①表示物质成分,如"成分""养分"等;②职责、权利等的限度,如"本分""过分"等;③情分、情谊,如"看在朋友的分上";④料想,如"自分"。

"份"是形声字,其义项有:①用在有关名词后边表示划分的单位,如"省份""县份""年份""月份"等;②表示量词,如"一份报纸"等;③表示整体里的一部分,如"股份""份额"等。

幅 fú 副 fù

这两个字读音、字形相近,意义不同。两字均为形声字,左右结构,声旁为"畐"。两字均可作量词,但有区别。

"幅"的意思有:①布帛、呢绒等物的宽度,如"幅面"等。②泛指宽度,如"幅度""振幅""幅员辽阔"等;③量词,用于布帛、呢绒、图画等,如"一幅布""几幅画"。

"副"的意思有:①居第二位的、辅助的,区别于"正"和"主",如"副职";②附带的,如"副作用";③符合、般配、相称(chèn),如"名副其实";④量词,用于成套的东西,如"一副对联";⑤用于面部表情、人的样子等,如"一副嘴脸"。

复 fù 覆 fù

这两个字读音相同,字形相近,而意义不同。"复"本义为返回、回来。现在的义项有:①重复,如"复查""复写";②繁复,如"复杂";③转过去或转回来,如"反复";④报复,如"复仇";⑤再,又,如"旧病复发""死灰复燃""死而复生";⑥回答,答复,如"复信";⑦恢复,如"收

新编 学生实用错别字修改大全

复"。

"覆"本义为翻转，倾覆。现在的义项有：①盖住，如"覆盖"；②底朝上翻过来，如"覆舟""天翻地覆""重蹈覆辙"等；③灭亡，如"覆灭"。

H

函 hán 涵 hán 含 hán

"函""涵"音同形近。"涵"可以作动词，表示包含，如"涵养"；"函"只能作名词，如"函件""信函"。

"含""涵"音同义近，都有包含、包容的意义。而"含"的意思是：①东西放在嘴里，不吐出也不咽下；②藏在里面，包括在里面；③怀有某种感情或意思，不完全表露出来。"包含"与"包涵"，这两个词常常误用，"包含"意为里面含有，"包涵"一般用于客套，表示请人原谅。

划 huà/huá 画 huà

这两个字读音相同或相近，而字形不同。这两个字都可以作动词，但动作的结果不同："划"为左右结构，会意字，从刂、从戈，意思是用尖利物把东西割开，"划"的结果是划开、划破或刻上痕迹，如"划玻璃"；"画"的结果是画上某种符号或图形，如"画地为牢""画饼充饥"。"划"多用尖锐的东西作工具；"画"多用笔类作工具。

荒 huāng 谎 huǎng
慌 huāng

这三个字读音、字形相近，而意义不同。"荒"和"慌"主要在"荒乱"与"慌乱"上容易混淆："荒乱"指社会秩序极不稳定，"慌乱"指慌张而混乱。

"慌"和"谎"均为形声字，左右结构，声旁为"荒"。

第四单元 容易出错的汉字

"慌"的形旁为"忄",本义为内心惊惧,如"慌忙""惊慌失措";"谎"的形旁为"讠",本义为假话,与言语有关,如"说谎话""谎言""撒谎"等。

混 hún/hùn 浑 hún

"混"读hún时,这两个字读音相同,意义相近,容易混淆。"浑"和"混"都有浑浊、糊涂之意,如"混蛋""浑蛋"指不明事理的人(现多作"混蛋");"浑水摸鱼""混水摸鱼"比喻趁混乱的时机攫取利益(以"浑水摸鱼"为首选词)。而"浑"还有天然的、全、满的意思,如"浑身是劲"。"混"读hùn时,有掺杂、蒙混、苟且地生活、胡乱的意思,如"混日子""鱼目混珠"。

J

即 jí 既 jì

这两个字读音、字形相近,意义不同,均为会意字。在古文字中,"即"像一个人面对食器而跪坐,本义为靠近食物就餐,引申为靠近、接触等,如"若即若离";"既"像一个人将要离开食器,本义为吃完饭将要离开,引申为完了、尽等,如"食既"。

籍 jí 藉 jí

这两个字读音相同,字形相近,而意义不同。"籍"是竹字头,意思有:①书籍、册子,如"古籍";②籍贯,如"原籍";③个人对国家、组织的隶属关系,如"国籍"等;④登记,如"籍没""籍吏民"。"藉"是草字头,践踏、侮辱之意,如"狼藉"。

记 jì 纪 jì

这两个字读音相同,字形、字义也相近,有时还可以通用,如"纪念"和"记念"、"记录"和"纪录"、"纪要"

和"记要"。但它们也有细微的差别:"记"的使用范围广,如"记得""记分""记忆""记账""记载"等;"纪"的使用范围较窄,如"纪律""纪元""纪年""纪传体"等。

再如"纪念""纪录片""会议纪要""纪实文学"不用"记",这是约定俗成的。而书名、文章名均用"记",如"日记""笔记""传记""游记"。

佳 jiā　嘉 jiā

这两个字读音相同,意义相近,均为形声字。"佳"是左右结构,本义指长相标致的人,引申为外貌标致、长相标准,美的、好的,如"佳节""佳作""佳音"。"嘉"是上下结构,本义是美好,引申为赞美、表彰以及幸福、快乐等,如"嘉宾""嘉奖"。

需要注意的是:"佳"主要与其他名词语素组成名词,如"佳作""佳品";还可与形容词语素组成并列式形容词,如"佳丽"。"嘉"主要作动词,表示赞美,如"嘉奖",而"佳"不能作动词。

交 jiāo　缴 jiǎo

这两个字读音、意义相近,但字形不同。两字均有交纳、交出之意,但两个字的使用范围不同:"交"的使用范围较大,凡是表示把事物转给有关方面的,都可以使用,如"交纳""交费";"缴"的使用范围较小,只有表示履行义务或被迫交出时才适用,如"缴税""缴费"等,有强调履行义务的意思。

灸 jiǔ　炙 zhì

这两个字的字音、意义都不同,却因为字形相近,容易混淆。"灸"是形声字,从火,久声,是中医的一种治疗方法,本义是用燃烧的艾绒等熏烤一

第四单元 容易出错的汉字

定的穴位或患部,如"艾灸""针灸"。

"灸"是会意字,上面是"肉"的变体,下边是"火",本义是用火烤肉,由"肉"和"火"会意而成,读音与两部分发音均无关。"脍炙人口"是个常用成语,是说美味人人都爱吃,比喻好的诗文或事物,人们都称赞,"脍"指切细的鱼或肉。

眷 juàn 卷 juǎn/juàn 券 quàn

这三个字读音、字形相近,均为形声字,上下结构,容易混淆。

"眷"从目,从半。"半"与"目"联合起来表示把眼睛开合度从全开改变到半开。本义为眯眼看,现在多表示亲属、关心、怀念的意思,如"侨眷""眷顾""家眷""眷恋""眷属"。

"卷"为形声字,从卩(jié,甲金文像人屈膝而跪的样子),本义是膝曲。读juàn时,多指书本、卷子、机关里保存的文件,如"答卷""案卷";读juǎn时一般为动词,意思是卷起,如"卷尺""卷发""卷土重来"等。

"券"是形声字,从刀,本义为古代的契据。一般指票据或作为凭证的纸片,如"证券"。

决 jué 绝 jué 诀 jué

这三个字读音相同,意义不同。"决"的本义为疏通水道,使水流出去。后引申为大水冲破堤岸或溢出,也引申为决定,如"决断",再引申为副词,指一定,如"决不食言"。

"绝"本义是把丝弄断,引申为断绝,如"绝交";引申为尽,如"赶尽杀绝";再引申为走不通的、无出路的,如"绝处逢生";也表示无可比拟的,如"拍案叫绝";又可表示绝对,如"绝无此意";等等。

"决"与"绝"都可以用在"无""不"等否定性词语前面,表示强烈否定。"决"主要表达主观意愿层面的坚定、坚决,多用在"不"前;"绝"则通常表达客观事实层面的绝对,如"绝非""绝无仅有"。

"诀"本义是辞别,告别,特指长别。后引申为容易记忆的词句,如"口诀""歌诀";高明的或关键性的方法,如"秘诀"。

K

恳 kěn   垦 kěn

这两个字读音相同,字形相近,而字义有明显差别。这两个字均为形声字,上下结构,声旁为"艮"。"恳"的形旁为"心",表示真诚、诚恳的意思,如"诚恳""恳谈"等;

"垦"的形旁为"土",指翻耕土地,如"开垦""垦荒"等。

L

滥 làn   乱 luàn

这两个字的字形、字义不同,但字音相近,容易混用。"滥"是形声字,从水,从监,"水"指河、湖,"监"指监视,"水"与"监"联合起来表示河水、湖水的水位线受到监视。本义指河、湖水位超过了警戒线,如"泛滥";引申为过度,无节制,如"宁缺毋滥""滥用职权"。

"乱"是会意字,像上下两手在整理架子上散乱的丝,本义指理丝。引申为:没有秩序,没有条理,如"乱七八糟""乱成一片";战争,武装骚乱,如"叛乱""避乱";心绪不宁,如"心烦意乱";任意,随便,如"乱吃""乱跑"。

第四单元 容易出错的汉字

厉 lì　利 lì

这两个字读音相同,字形、意义不同。"厉害"和"利害"这两个词语容易混淆,都可指难对付、难忍受,或指达到某种异乎寻常的程度,或指严厉。但"利害"作名词时,指利益和损害,如"利害关系"。

励 lì　厉 lì

这两个字读音相同,字形相近,而意义不同。两个字的混淆主要在"励精图治"与"再接再厉"上:"励精图治"指振作精神,想办法把国家治理好,其中的"励"表示振奋、振作,所以不能写成"厉";"再接再厉"是一次又一次地继续努力,其中"厉"通"砺",表示磨砺,所以不能写成"励"。

练 liàn　炼 liàn

这两个字读音相同,字形相近,而意义不同。这两个字均为形声字,左右结构,"练"形旁为"纟",本义为加工生丝或丝织品,使之变得柔软洁白,引申为训练、纯熟,如"练习""熟练""简练";"炼"形旁为"火",本义为用火烧制或用加热等方法使物质纯净、坚韧、浓缩,用心琢磨使精练,如"炼钢""炼句""锻炼"。

"精炼"和"精练"的意思有所不同:"精炼"指提炼精华,除去杂质,如"精炼原油",用"炼"不用"练";"精练"指(文章或讲话)扼要,没有多余的词句,如"语言精练"。

龄 líng　令 lìng

这两个字读音、字形相近,而意义不同。"令"是会意字,上面是集合的"集",下面是"人",像人跪在那里听命;本义是命令或发布命令。引申义为：古代官名，如"县令"；美好，如"令德"；时节，如"时令"；等等。"龄"是形声字，"齿"指年纪，"令"意为当面受役使；本义是法令规定的普通人承担国家义务和享受个人权利的年纪。引申义指人的年纪，如"学龄""工龄"。

M

冒 mào　贸 mào

这两个字读音相同，字义不同。"冒"是会意字，上面是宝盖儿下面两横，是帽子的象形字，宝盖儿是个帽子，两横是帽子上的装饰，下面是眼睛。本义是帽子，引申为往上升，不顾，不慎重，冒充，如"冒险""冒昧""假冒伪劣"等。"贸"是形声字，从贝，本义指交换财物，交易，如"贸易"；作副词时，表示鲁莽，如"贸然行事"。

磨 mó　摩 mó

这两个字读音相同，字形相近，而意义不同。这两个字均有摩擦的意思，但区别是："磨"有用磨料磨物体，使光滑、锋利或达到其他目的，以及折磨、拖延等意思；"摩"可指抚摩，如"按摩"，也可指研究切磋，如"观摩"。

Q

曲 qū　屈 qū

这两个字读音相同，意义相近，容易混淆。这两个字都有表示弯曲、使其弯曲的意思："曲"与"直"相对，多用于表示事物的形状，如"曲线""曲尺"；"屈"与"伸"相对，多用于形容人体或人体器官的弯曲，表示动作的变化。"曲"多用于具体可见的事物；"屈"多用于态度、理由等抽象事物，如

第四单元 容易出错的汉字

"屈服""屈膝"。

R

溶 róng 熔 róng 融 róng

这三个字读音相同,意义相近,容易混淆。"溶"指固体在水或其他液体中化开,如"溶化";"熔"即熔化,把固体加热到一定温度后变成液体,如"熔炼""熔炉"等;"融"指冰雪等受热变成液体,如"融化""春雪易融"等。

S

申 shēn 伸 shēn

这两个字读音相同,字形相近,意义不同,容易混淆。"申"是地支的第九位。它的意思有:用于计时,如"申时"(下午三点至五点);或指申诉、说明、申请,用申所组成的词多含此意,如"申购""申明"。

"伸"是形声字,从人,从申,"人"与"申"联合起来表示"人的繁殖"。本义:人的繁殖。引申义:人数在时间和空间上的延展、扩张。再引申义:任何事物的延展、扩张,如"伸缩""伸张""伸直""伸手""延伸""能屈能伸"等。要注意:"伸冤"同"申冤"。

T

塌 tā 蹋 tà

这两个字读音、字形相近,意义不同,容易混淆。"塌"的义项有:①支架起来的东西倒下或陷下,如"倒塌""塌方"等;②凹下,如"塌鼻梁";③安定,镇定,如"塌下心来"。"蹋"的本义是踏和踩的意思,如"践踏""糟蹋"。

081

X

象 xiàng　像 xiàng　相 xiàng/xiāng

这三个字读音相同，字形、意思不同，容易混淆。

"象"的意思有：①表示动物，如"白象""象牙"；②形状，样子，如"现象""景象""万象更新"；③仿效，模拟，如"象形字""象征"。

"像"则有五种意思：①比照人物制成的形象，如"画像""肖像"等；②从物体发出的光线经平面镜、球面镜、透镜、棱镜等反射或折射后所形成的与原物相似的图景，分为实像和虚像；③在形象上相同或有某些共同点，如"他像他父亲"；④副词，好像，如"像要下雨了"；⑤比如，如"瓜子的种类很多，像西瓜子、南瓜子、香瓜子等"。

"相"是多音字，读xiàng时有相貌，外貌，物体的外观，坐、立等的姿态等意思，如"相貌""相片""福相""穷形尽相"等；读xiāng时有互相，表示一方对另一方的动作，亲自观看（是不是合心意）的意思。

消 xiāo　销 xiāo

这两个字读音相同，字形相近，而意义不同。这两个字都是形声字，左右结构，声旁均为"肖"，都有表示消失的意思，但也有区别："消"的本义是冰雪融化，形旁为"氵"，引申为消失、使消失，度过（时间），如"消磨""消融""冰消瓦解"。"销"的本义是熔化金属，形旁为"钅"。这两个字表示消除时容易混淆，一般"销魂""撤销"的"销"，不写作"消"。

斜 xié　邪 xié

这两个字读音相同而字形、意义不同。"斜"指不正,无贬义,如"斜坡""斜路""斜对面"。"邪"指不正当,有贬义,如"邪路""歪风邪气""改邪归正""扶正祛邪";引申为不正常,如"邪门儿""一股邪劲儿"。

这两个字都有表示偏离正常情况的意思,但有如下区别:"邪"多指人与社会中的行为、品行等比较抽象的事物不正常、不正当;"斜"多指物体的方位、形状等不正。

须 xū　需 xū

这两个字读音相同,而字形、意义不同。"须"的义项有:①应当、一定要,如"必须";②胡子,如"胡须";③像胡须的东西,如"须根""玉米须"。"需"的义项有:①应当有,必须有,如"需求";②需要用的东西,如"军需"。

"须"作助动词,表示一定要,常用来修饰其他动词;"需"用作动词,表示一定得有或不可缺少。"必须"表示事理上和情理上必要,同时加强命令语气;"必需"指某些东西是一定要有的。

Y

义 yì　意 yì

这两个字读音相同,意思相近,容易混淆。"义"的意思有:①公正合宜的道理或举动,如"正义";②情义,如"义气";③意义,如"定义";等等。"意"的意思有:①心愿,意向,如"满意";②语言文字等的意义,如"语意";③意料,料想,如"意外";④思想,想法,如"创意"。

"义"主要表示公正合宜的道理或行为,"意"主要表示内心的看法和想法。"意""义"除了都能作名词外,"义"还可以作形容词,如"义演""义父""义齿";而"意"则还可以作动词,如"意料"。

荧 yíng 莹 yíng 萤 yíng

这三个字读音相同,字形相近,意义不同,均为会意字,容易混淆。"荧"字下面是火,本义是光线微弱的样子,如"荧烛";后形容眼光迷乱、疑惑,如"荧惑";还有物理学上称某些物质受光或其他射线照射时所发出的可见光,如"荧光"。"莹"字的下面是"玉",本义是指光洁像玉的石头,引申义是光亮透明,如"晶莹"。"萤"是一种昆虫,身体有发光的器官,能发出绿光,俗称萤火虫。

鱼 yú 渔 yú

这两个字读音相同,字形相近,而意思不同。"鱼"是名词,是鱼类的统称,如"鲫鱼""鱼群""金鱼"。"渔"是动词,指捕鱼,也指谋取(不应得的东西),如"渔民""渔村""渔业""渔产""渔场""渔轮""渔猎""从中渔利"等。而"釜底游鱼""鱼龙混杂""鱼肉乡里"等,必须要用"鱼"。

Z

燥 zào 躁 zào 噪 zào

这三个字读音相同,字形相近,而意义不同,都是形声字,左右结构。"燥"形旁为"火",有火则水干,本义是缺少水分,如"干燥"。"躁"形旁为"足",本义为动作疾速,引申为性急、不冷静,形容人

第四单元 容易出错的汉字

的性格、情绪等状态，如"烦躁""急躁""戒骄戒躁"等。"噪"形旁为"口"，表示大声叫嚷，（名声）广为传扬，虫或鸟叫，如"聒噪""声名大噪""蝉噪"。

振 zhèn　震 zhèn

这两个字读音相同，字形、意思相近。"振"本义为振动、挥动，多用于指物体通过一个中心位置不断往复运动，如"振幅""振翅"。引申为奋起、振作，多指心理活动、积极向上的情绪，如"振奋""振振有词"。

"震"本义指打雷使万物震动，物体猛烈地颤动，如"震耳欲聋"；用于指心理活动时，多指重大事情或消息使人情绪过分激动，如"震惊""震怒"。

至 zhì　致 zhì

这两个字读音相同，字形、意义相近。这两个字的混淆，主要在"以致"与"以至"上。"以致"和"以至"都用在下半句的开头，表示由于上文所说的原因、情况而引出下文的结果。不同的是："以致"所引出的结果大多是不好的或不如意的；"以至"所引出的结果可以是好的，也可以是不好的。此外，"以至"还表示在实践中数量、程度、范围上的延伸。

制 zhì　治 zhì

这两个字读音相同，字形、意义不同。"制"指制作、拟定、限定、管束等，作名词时可指制度，如"民主集中制"。"治"指整治、管理、医治、惩办等，如"治国""治理""治病""惩治"等。

妆 zhuāng　装 zhuāng

这两个字读音相同，而字形、意义不同。"妆"的意思有：①妇女装饰、打扮，如"化妆""梳妆"；②女子身上的装饰，如"红妆"；③指嫁妆，如"送妆"。"装"的意思有：①衣服，如"服装"；②修饰，如"化装"；③假装，如"装聋作哑"；④装配、安装，如"装订"；⑤包装，如"精装书"；等等。

"化妆"侧重指用化妆品修饰、打扮，使容貌美丽，多用于女子；"化装"侧重指演员在扮演角色之前修饰容貌，也指改变装束、容貌，如"乔装"。

做 zuò　作 zuò

这两个字读音相同，字形不同，意义相近。"做"表示具体的动作，"作"表示抽象的动作。"做"和"作"都含有制造之意，但又有区别：

"做"能独立地作为一个动词，在运用中体现完整的动作意思，侧重于具体对象或产生实物的活动，动作性较强，如"做衣服""做作业"等。"做"连接的是可感知到的中性事物，如"做客""做梦"。

"作"多用于抽象对象或不产生实物的活动，动作性较弱，有些是贬义词，如"作孽""作弊"等。

第五单元　容易出错的词语

第五单元
容易出错的词语

第一节　学生容易写错的词语

词语是词和语的合称，包括单词、词组及整个词汇，文字组成文章的最小组词结构形式。词语有1字、2字、3字、4字及更多的分类，但须注意，词语不属于成语。从构成方式来看，词语可以分成单纯词与合成词。

（1）单纯词。由一个语素组成的词，自由的单音节语素和所有的双音节、多音节语素都可以组成单纯词，整个词只能表示一个意思，不能拆开。例如：山，水，天，地，人，有，土，红，凑；仿佛，苍茫，水果，蜈蚣，琉璃，参差，蹉跎；敌敌畏，萨克斯，麦克风；阿司匹林；等等。

（2）合成词。由两个或两个以上的语素组成的词，组成语素拆开来仍旧有意义。现代汉语词汇中，合成词占了绝大多数。合成词中多数由两个语素构成，由两个以上的语素构成的是少数。

我们在学习和使用词语的过程中，常常由于三个原因造成词语写错。一是因为不理解词语的意思，胡乱找一个读音相同的字代替；二是因为笔误；三是因为根本就不会写。

考一考

1.选择书写正确的一组词语（　）

A.神州 抱复 璀灿 撤消

B.震荡 寒暄 踊跃 痊愈

C.收拣 漫谈 体贴 污蔑

D.争辨 贪赃 委婉 宽怒

2.在括号里选择正确的字，画"√"。

峥（嵘容）　（诋抵）毁　挑（衅畔）　通（讯迅）

萎（靡糜）　部（署暑）　（欧殴）打　锻（炼练）

参考答案： 1.B　2.嵘 诋 衅 讯 靡 署 殴 炼

为了让同学们学习和使用方便，在此特整理了容易写错的词语，内容如下。

A

暮霭（易写错为：蔼）

B

斑（易写错为：班）点

版（易写错为：板）面

拌（易写错为：绊）嘴

绊（易写错为：拌）脚石

羁绊（易写错为：拌）

磕磕绊绊（易写错为：拌拌）

报（易写错为：抱）复

毕（易写错为：必）竟

弊（易写错为：蔽）端

第五单元 容易出错的词语

针砭（易写错为：贬）
争辩（易写错为：辨）
憋（易写错为：蹩）气
濒（易写错为：频）临
拨（易写错为：拔）款
脉搏（易写错为：膊）
船舶（易写错为：泊）
刻薄（易写错为：簿）
部（易写错为：布）署

C

人才（易写错为：材）
精彩（易写错为：采）
璀璨（易写错为：灿）
沧（易写错为：苍）桑
粮仓（易写错为：舱）
机舱（易写错为：仓）
座舱（易写错为：仓）
河槽（易写错为：漕）
恻测（易写错为：测）
刹（易写错为：霎）那
何尝（易写错为：偿）
补偿（易写错为：尝）
偿（易写错为：尝）命
怅（易写错为：伥）然
撤（易写错为：撒）销

清澈（易写错为：彻）
松弛（易写错为：驰）
鞭笞（易写错为：苔）
范畴（易写错为：筹）
惆（易写错为：稠）怅
刍（易写错为：诌）议
醇（易写错为：淳）香
盖戳（易写错为：戮）
辍（易写错为：缀）学
从（易写错为：怂）容
拼凑（易写错为：揍）
篡（易写错为：纂）位
催（易写错为：摧）促
纯粹（易写错为：碎）
精粹（易写错为：萃）

D

穿戴（易写错为：带）
耽（易写错为：担）搁
耽（易写错为：眈）误
高档（易写错为：挡）
河堤（易写错为：提）
诋（易写错为：抵）毁
真谛（易写错为：缔）
掂（易写错为：惦）量
垂钓（易写错为：钩）

通牒（易写错为：谍）
更迭（易写错为：叠）
钉（易写错为：订）扣
装订（易写错为：钉）

E

噩（易写错为：恶）耗

F

砝（易写错为：法）码
反（易写错为：返）光
返（易写错为：反）工
妨（易写错为：防）害
浪费（易写错为：废）
分（易写错为：份）内
本分（易写错为：份）
福分（易写错为：份）
股份（易写错为：分）
份（易写错为：分）额
气愤（易写错为：忿）
辐（易写错为：幅）射
抱负（易写错为：复）
赋（易写错为：付）予
覆（易写错为：复）灭

G

气概（易写错为：慨）
钓竿（易写错为：杆）
鱼竿（易写错为：杆）
桅杆（易写错为：竿）
苇秆（易写错为：杆）
树干（易写错为：杆）
站岗（易写错为：冈）
贡（易写错为：供）献
灌（易写错为：贯）输
粗犷（易写错为：旷）
瑰（易写错为：魁）丽
诡（易写错为：鬼）计

H

颔（易写错为：含）首
涵（易写错为：函）养
强悍（易写错为：焊）
震撼（易写错为：憾）
缺憾（易写错为：撼）
憾（易写错为：撼）事
遗憾（易写错为：撼）
亨（易写错为：享）通
武侯（易写错为：候）
候（易写错为：侯）鸟

第五单元 容易出错的词语

问候（易写错为：侯）
圆滑（易写错为：猾）
刻画（易写错为：划）
涣（易写错为：焕）散
膏肓（易写错为：盲）
撒谎（易写错为：慌）
教诲（易写错为：悔）

J

通缉（易写错为：辑）
亟（易写错为：急）待
伎（易写错为：技）俩
嘉（易写错为：佳）奖
草菅（易写错为：管）
检（易写错为：捡）字
船桨（易写错为：浆）
绊跤（易写错为：绞）
皎（易写错为：姣）洁
矫（易写错为：娇）健
节（易写错为：截）选
麦秸（易写错为：桔）
神经（易写错为：精）
陷阱（易写错为：井）
光景（易写错为：境）
竞（易写错为：竟）赛
针灸（易写错为：炙）

狙（易写错为：阻）击
规矩（易写错为：距）
火炬（易写错为：矩）
倔（易写错为：崛）强
诀（易写错为：决）别
秘诀（易写错为：决）
诀（易写错为：决）窍
抉（易写错为：决）择
崛（易写错为：掘）起
骏（易写错为：俊）马
竣（易写错为：峻）工
冷峻（易写错为：俊）

K

慷慨（易写错为：概）
楷（易写错为：揩）模
楷（易写错为：揩）书
勘（易写错为：堪）误
犒（易写错为：搞）劳
青稞（易写错为：棵）
刻（易写错为：克）苦
开垦（易写错为：恳）
恳（易写错为：肯）切
垮（易写错为：挎）台
昏聩（易写错为：馈）
匮（易写错为：馈）乏

L

毒辣（易写错为：剌）
篮（易写错为：蓝）球
熟练（易写错为：炼）
干练（易写错为：炼）
老练（易写错为：炼）
简练（易写错为：炼）
提炼（易写错为：练）
锤炼（易写错为：练）
锻炼（易写错为：练）
高粱（易写错为：梁）
桥梁（易写错为：粱）
两（易写错为：俩）口
撩（易写错为：僚）草
瞭（易写错为：嘹）望
镣（易写错为：僚）铐
灵（易写错为：棂）柩
葱茏（易写错为：笼）
拉拢（易写错为：扰）
简陋（易写错为：漏）
痉挛（易写错为：孪）
孪（易写错为：挛）生
山峦（易写错为：孪）

M

漫（易写错为：慢）谈
谩（易写错为：漫）骂
蔓（易写错为：漫）延
名列前茅（易写错为：矛）
萎靡（易写错为：糜）
羁縻（易写错为：靡）
糜（易写错为：靡）烂
神秘（易写错为：密）
奥秘（易写错为：密）
泄密（易写错为：秘）
绵（易写错为：棉）软
勉（易写错为：免）励
缅（易写错为：腼）怀
沉湎（易写错为：缅）
扫描（易写错为：瞄）
诬蔑（易写错为：篾）
泯（易写错为：抿）灭
观摩（易写错为：磨）
按摩（易写错为：磨）
临摹（易写错为：摩）
拇（易写错为：姆）指
招募（易写错为：幕）

N

苦恼（易写错为：脑）

第五单元 容易出错的词语

O

讴（易写错为：呕）歌
殴（易写错为：欧）打
呕（易写错为：沤）吐
怄（易写错为：沤）气

P

扒（易写错为：趴）手
赔（易写错为：陪）偿
敬佩（易写错为：配）
帐篷（易写错为：蓬）
脾（易写错为：睥）气
扑（易写错为：朴）灭

Q

分歧（易写错为：岐）
气（易写错为：汽）球
汽（易写错为：气）水
默契（易写错为：挈）
接洽（易写错为：恰）
道歉（易写错为：谦）
告罄（易写错为：磬）
身躯（易写错为：驱）
驱（易写错为：趋）使

趋（易写错为：驱）势
痊（易写错为：全）愈
蜷（易写错为：倦）缩
证券（易写错为：卷）
商榷（易写错为：确）

R

蹂（易写错为：揉）躏
杂糅（易写错为：揉）
睿（易写错为：誉）智
偌（易写错为：诺）大

S

骚（易写错为：搔）乱
霎（易写错为：刹）时
赡（易写错为：瞻）养
晌（易写错为：响）午
赏（易写错为：尝）罚
树梢（易写错为：捎）
慑（易写错为：摄）服
姿势（易写错为：式）
自恃（易写错为：待）
去世（易写错为：逝）
仙逝（易写错为：世）

部署（易写错为：暑）
宽恕（易写错为：怒）
卫戍（易写错为：戌）
闪烁（易写错为：铄）
矍铄（易写错为：烁）
厮（易写错为：撕）杀
怂（易写错为：纵）恿
诵（易写错为：颂）读
苏（易写错为：酥）醒
酥（易写错为：苏）软
漱（易写错为：濑）口
作祟（易写错为：崇）
教唆（易写错为：梭）
烦琐（易写错为：锁）

T

拖沓（易写错为：踏）
糟蹋（易写错为：塌）
袒（易写错为：坦）护
搪（易写错为：塘）塞
誊（易写错为：誉）写
体贴（易写错为：帖）
妥帖（易写错为：贴）

请帖（易写错为：贴）
字帖（易写错为：贴）
荼（易写错为：茶）毒
蜕（易写错为：脱）化
唾（易写错为：垂）弃

W

惋（易写错为：婉）惜
委婉（易写错为：惋）
诬（易写错为：污）告

X

熄（易写错为：息）灭
嬉（易写错为：嘻）笑
遐（易写错为：暇）思
舷（易写错为：弦）梯
祥（易写错为：详）和
好像（易写错为：象）
通宵（易写错为：霄）
九霄（易写错为：宵）
逍（易写错为：消）遥
报销（易写错为：消）
胁（易写错为：协）从

第五单元 容易出错的词语

威胁（易写错为：协）
协（易写错为：胁）助
宣泄（易写错为：泻）
流泻（易写错为：泄）
挑衅（易写错为：畔）
行（易写错为：形）踪
外形（易写错为：型）
型（易写错为：形）号
戊戌（易写错为：戍）
就绪（易写错为：序）
酗（易写错为：汹）酒
寒暄（易写错为：喧）
宣（易写错为：渲）泄
渲（易写错为：宣）染
询（易写错为：寻）问
通讯（易写错为：迅）
潮汛（易写错为：讯）

Y

梦魇（易写错为：餍）
赝（易写错为：膺）品
怏（易写错为：秧）然
谒（易写错为：竭）见

笑靥（易写错为：魇）
游弋（易写错为：戈）
肄（易写错为：肆）业
演绎（易写错为：译）
踊（易写错为：涌）跃
尤（易写错为：犹）其
犹（易写错为：尤）如
逾（易写错为：渝）期
圆（易写错为：园）满
圆（易写错为：园）润
幅员（易写错为：圆）
晕（易写错为：荤）车

Z

肮脏（易写错为：赃）
赃（易写错为：脏）款
销赃（易写错为：脏）
贪赃（易写错为：脏）
急躁（易写错为：燥）
枯燥（易写错为：躁）
鼓噪（易写错为：躁）
眨（易写错为：贬）眼
敲诈（易写错为：榨）

压榨（易写错为：诈）

胀（易写错为：涨）痛

震（易写错为：振）撼

腰肢（易写错为：枝）

由衷（易写错为：忠）

神州（易写错为：洲）

绿洲（易写错为：州）

瞩（易写错为：嘱）目

壮（易写错为：状）实

诅（易写错为：阻）咒

坐（易写错为：座）标

做（易写错为：作）工

第二节　多音字造成的易读错词语

在汉语中，多音字占有一定的比例。同一个汉字，在不同的词语当中读音不同，意思和用法也就不同。在学习和使用多音字的过程中，要注意通过辨别一个字的读音，来区分词语的意思和用法；也要通过词语的意思和用法，来辨别多音字的读音。

考一考

1.下列词语中，加点字的读音全部正确的一项是（　　）

A.旋转（zhuàn）　活着（zhe）　当然（dàng）　调整（tiáo）

B.粘连（zhān）　参加（cān）　参差（chā）　荫凉（yìn）

C.记载（zǎi）　消减（xiāo）　丧失（sàng）　中听（zhòng）

D.曲调（diào）　折断（shé）　强求（qiáng）　模样（mú）

2.用"＿＿＿"划出加点字的正确读音。

应用（yìng yīng）　　应该（yìng yīng）

咽喉（yān yè）　　呜咽（yān yè）

第五单元 容易出错的词语

宁肯（níng nìng） 宁静（níng nìng）
恐吓（xià hè） 吓唬（xià hè）

参考答案： 1.C 2. yìng yīng yān yè nìng níng hè xià

看看下面这些词语，你在学习和使用的时候，都读对了吗？

A

挨

挨着："挨"易读错为ái，正确读音是āi。

挨饿："挨"易读错为āi，正确读音是ái。

熬

熬菜："熬"易读错为áo，正确读音是āo。

煎熬："熬"易读错为āo，正确读音是áo。

拗

拗口："拗"易读错为áo，正确读音是ào。

执拗："拗"易读错为ào，正确读音是niù。

B

扒

在"扒车""扒墙""扒坑"等词中，"扒"读bā。

扒手："扒"易读错为bā，正确读音是pá。

把

把手："把"易读错为bà，正确读音是bǎ。

刀把儿："把"易读错为bǎ，正确读音是bà。

剥

剥皮："剥"易读错为bō，正确读音是bāo。

剥削："剥"易读错为bāo，正确读音是bō。

薄

薄酒:"薄"易读错为bó,正确读音是báo。

轻薄:"薄"易读错为báo,正确读音是bó。

薄荷:"薄"易读错为bó,正确读音是bò。

奔

奔驰:"奔"易读错为bèn,正确读音是bēn。

投奔:"奔"易读错为bēn,正确读音是bèn。

奔头:"奔"易读错为bēn,正确读音是bèn。

扁

在"扁豆""扁担""扁圆"等词中,"扁"读biǎn。

扁舟:"扁"易读错为biǎn,正确读音是piān。

别

别针儿:"别"易读错为biè,正确读音是bié。

别扭:"别"易读错为bié,正确读音是biè。

屏

屏气:"屏"易读错为píng,正确读音是bǐng。

屏障:"屏"易读错为bǐng,正确读音是píng。

C

差

差额:"差"易读错为chà,正确读音是chā。

差劲:"差"易读错为chā,正确读音是chà。

参差:"差"易读错为chā,正确读音是cī。

颤

颤抖:"颤"易读错为zhàn,正确读音是chàn。

打颤:"颤"易读错为chàn,正确读音是zhàn。

场

场院:"场"易读错为chǎng,正确读音是cháng。

磁场:"场"易读错为cháng,正确读音是chǎng。

体育场:"场"易读错为cháng,正确读音是chǎng。

臭

在"恶臭""臭味相投"等词

第五单元 容易出错的词语

中，"臭"读chòu。

铜臭："臭"易读错为chòu，正确读音是xiù。

处

处理："处"易读错为chù，正确读音是chǔ。

处所："处"易读错为chǔ，正确读音是chù。

创

创伤："创"易读错为chuàng，正确读音是chuāng。

创造："创"易读错为chuāng，正确读音是chuàng。

开创："创"易读错为chuāng，正确读音是chuàng。

D

答

答应："答"易读错为dá，正确读音是dā。

答复："答"易读错为dā，正确读音是dá。

当

当事人："当"易读错为dàng，正确读音是dāng。

恰当："当"易读错为dāng，正确读音是dàng。

得

取得："得"易读错为de，正确读音是dé。

总得："得"易读错为dé，正确读音是děi。

提

提防："提"易读错为tí，正确读音是dī。

在"提着""提包""提高""提审"等词中，"提"读tí。

F

发

头发："发"易读错为fā，正确读音是fà。

除了表示毛发及与其相关的词语，"发"都读fā。

佛

佛经："佛"易读错为fú，正确读音是fó。

仿佛："佛"易读错为fó，正确读音是fú。

脯

果脯："脯"易读错为pǔ，正确读音为fǔ。

在"胸脯""鸡脯肉"等词中,"脯"读pú。

G

杆

旗杆:"杆"易读错为gǎn,正确读音是gān。

笔杆儿:"杆"易读错为gān,正确读音是gǎn。

干

包干儿:"干"易读错为gàn,正确读音是gān。

干杯:"干"易读错为gàn,正确读音是gān。

干部:"干"易读错为gān,正确读音是gàn。

给

给以:"给"易读错为jǐ,正确读音是gěi。

给予:"给"易读错为gěi,正确读音是jǐ。

更

变更:"更"易读错为gèng,正确读音是gēng。

更加:"更"易读错为gēng,正确读音是gèng。

勾

勾当:"勾"易读错为gōu,正确读音是gòu。

在"勾画""勾勒"等词中,"勾"读gōu。

冠

皇冠:"冠"易读错为guàn,正确读音是guān。

冠军:"冠"易读错为guān,正确读音是guàn。

H

行

银行:"行"易读错为xíng,正确读音是háng。

行头:"行"易读错为háng,正确读音是xíng。

荷

荷花:"荷"易读错为hē,正确读音是hé。

负荷:"荷"易读错为hé,正确读音是hè。

喝

喝彩:"喝"易读错为hē,正确读音是hè。

在"喝水""喝酒""喝茶"等

第五单元 容易出错的词语

词中，"喝"读hē。

横

横扫："横"易读错为hèng，正确读音是héng。

横祸："横"易读错为héng，正确读音是hèng。

哄

哄传："哄"易读错为hòng，正确读音是hōng。

起哄："哄"易读错为hōng，正确读音是hòng。

在"哄骗""哄人"等词中，"哄"读hǒng。

划

划算："划"易读错为huà，正确读音是huá。

划分："划"易读错为huá，正确读音是huà。

混

混蛋："混"易读错为hùn，正确读音是hún。

混合："混"易读错为hǔn，正确读音是hùn。

J

几

茶几："几"易读错为jǐ，正确读音是jī。

在"几个""几本"等词中，"几"读jǐ。

假

假公济私："假"易读错为jià，正确读音是jiǎ。

假日："假"易读错为jiǎ，正确读音是jià。

间

间断："间"易读错为jiān，正确读音是jiàn。

在"时间""中间"等词中，"间"读jiān。

角

角度："角"易读错为jué，正确读音是jiǎo。

角色："角"易读错为jiǎo，正确读音是jué。

结

结巴："结"易读错为jié，正确

读音是jiē。
在"结果""了结""结束"等词中,"结"读jié。

藉

慰藉:"藉"易读错为jí,正确读音是jiè。
在"狼藉"一词中,"藉"读jí。

禁

情不自禁:"禁"易读错为jìn,正确读音是jīn。
禁止:"禁"易读错为jīn,正确读音是jìn。

劲

有劲儿:"劲"易读错为jìng,正确读音是jìn。
强劲:"劲"易读错为jìn,正确读音是jìng。

卷

卷饼:"卷"易读错为juàn,正确读音是juǎn。
画卷:"卷"易读错为juǎn,正确读音是juàn。

隽

隽永:"隽"易读错为jùn,正确读音是juàn。

隽秀:"隽"易读错为juàn,正确读音为jùn。

K

卡

卡片:"卡"易读错为qiǎ,正确读音是kǎ。
关卡:"卡"易读错为kǎ,正确读音是qiǎ。

空

空挡:"空"易读错为kòng,正确读音是kōng。
空闲:"空"易读错为kōng,正确读音是kòng。

L

累

累赘:"累"易读错为lěi,正确读音是léi。
累积:"累"易读错为léi,正确读音是lěi。
劳累:"累"易读错为lěi,正确读音是lèi。

露

露馅儿:"露"易读错为lù,正

第五单元 容易出错的词语

确读音是lòu。

露天:"露"易读错为lòu,正确读音是lù。

M

抹

抹布:"抹"易读错为mǒ,正确读音是mā。

涂抹:"抹"易读错为mō,正确读音是mǒ。

埋

埋怨:"埋"易读错为mái,正确读音为mán。

在"埋葬""掩埋""埋没"等词中,"埋"读mái。

蒙

蒙头转向:"蒙"易读错为méng,正确读音为mēng。

蒙头盖脑:"蒙"易读错为mēng,正确读音为méng。

内蒙:"蒙"易读错为méng,正确读音是měng。

模

模型:"模"易读错为mú,正确读音是mó。

模样:"模"易读错为mó,正

确读音是mú。

N

泥

拘泥:"泥"易读错为ní,正确读音是nì。

在"泥土""泥泞""黄泥"等词中,"泥"读ní。

宁

宁静:"宁"易读错为nìng,正确读音是níng。

宁肯:"宁"易读错为níng,正确读音是nìng。

P

胖

心宽体胖:"胖"易读错为pàng,正确读音是pán。

在"肥胖""胖子"等词中,"胖"读pàng。

泡

豆腐泡:"泡"易读错为pào,正确读音是pāo。

泡沫:"泡"易读错为pāo,正确读音是pào。

103

喷

喷喷香:"喷"易读错为pēn,正确读音是pèn。

在"喷洒""喷雾""喷头"等词中,"喷"读pēn。

片

照片儿:"片"易读错为piàn,正确读音是piān。

片刻:"片"易读错为piān,正确读音是piàn。

撇

撇开:"撇"易读错为piě,正确读音是piē。

撇嘴:"撇"易读错为piē,正确读音是piě。

仆

前仆后继:"仆"易读错为pú,正确读音是pū。

在"主仆""风尘仆仆""仆从"等词中,"仆"读pú。

曝

一曝十寒:"曝"易读错为bào,正确读音是pù。

曝光:"曝"易读错为pù,正确读音是bào。

Q

强

强悍:"强"易读错为qiǎng,正确读音是qiáng。

强求:"强"易读错为qiáng,正确读音是qiǎng。

倔强:"强"易读错为qiǎng,正确读音是jiàng。

悄

静悄悄:"悄"易读错为qiǎo,正确读音是qiāo。

悄然:"悄"易读错为qiāo,正确读音是qiǎo。

切

切削:"切"易读错为qiè,正确读音是qiē。

亲切:"切"易读错为qiē,正确读音是qiè。

曲

弯曲:"曲"易读错为qǔ,正确读音是qū。

曲调:"曲"易读错为qū,正确读音是qǔ。

第五单元 容易出错的词语

S

塞

活塞:"塞"易读错为sài,正确读音是sāi。

塞北:"塞"易读错为sāi,正确读音是sài。

堵塞:"塞"易读错为sāi,正确读音是sè。

丧

丧事:"丧"易读错为sàng,正确读音是sāng。

丧失:"丧"易读错为sāng,正确读音是sàng。

扫

扫地:"扫"易读错为sào,正确读音是sǎo。

扫帚:"扫"易读错为sǎo,正确读音是sào。

刹

刹车:"刹"易读错为chà,正确读音是shā。

刹那:"刹"易读错为shā,正确读音是chà。

禅

禅让:"禅"易读错为chán,正确读音是shàn。

在"坐禅""禅师""禅宗"等词中,"禅"读chán。

舍

宿舍:"舍"易读错为shě,正确读音是shè。

在"舍得""舍生忘死"等词中,"舍"读shě。

省

在"省份""省钱""省略"等词中,"省"读shěng。

省亲:"省"易读错为shěng,正确读音是xǐng。

似

似的:"似"易读错为sì,正确读音是shì。

似乎:"似"易读错为shì,正确读音是sì。

刷

刷新:"刷"易读错为shuà,正确读音是shuā。

刷白:"刷"易读错为shuā,正确读音是shuà。

说

游说:"说"易读错为shuō,正确读音是shuì。

105

在"说话""听说""学说"等词中,"说"读shuō。

遂

半身不遂:"遂"易读错为suì,正确读音是suí。

未遂:"遂"易读错为suí,正确读音是suì。

T

挑

挑刺儿:"挑"易读错为tiǎo,正确读音是tiāo。

挑衅:"挑"易读错为tiāo,正确读音是tiǎo。

调

调皮:"调"易读错为diào,正确读音是tiáo。

调查:"调"易读错为tiáo,正确读音是diào。

帖

妥帖:"帖"易读错为tiè,正确读音是tiē。

请帖:"帖"易读错为tiē,正确读音是tiě。

字帖:"帖"易读错为tiě,正确读音是tiè。

X

吓

在"吓唬""吓人"等词中,"吓"读xià。

恐吓:"吓"易读错为xià,正确读音是hè。

厦

厦门:"厦"易读错为shà,正确读音是xià。

大厦:"厦"易读错为xià,正确读音是shà。

纤

纤维:"纤"易读错为qiān,正确读音是xiān。

纤夫:"纤"易读错为qiān,正确读音是qiàn。

鲜

鲜为人知:"鲜"易读错为xiān,正确读音是xiǎn。

在"鲜花""鲜艳""屡见不鲜"等词中,"鲜"读 xiān。

校

在"学校""校园""校尉"等词中,"校"读xiào。

校对:"校"易读错为xiào,正

确读音是jiāo。

血

血淋淋:"血"易读错为xuè,正确读音是xiě。

血液:"血"易读错为xiě,正确读音是xuè。

兴

兴旺:"兴"易读错为xìng,正确读音是xīng。

兴趣:"兴"易读错为xīng,正确读音是xìng。

削

削减:"削"易读错为xiāo,正确读音是xuē。

切削:"削"易读错为xuē,正确读音是xiāo。

Y

殷

殷红:"殷"易读错为yīn,正确读音是yān。

在"殷切""殷实"等词中,"殷"读yīn。

咽

呜咽:"咽"易读错为yàn,正确读音为yè。

咽喉:"咽"易读错为yàn,正确读音为yān。

在"吞咽""咽下""细嚼慢咽"等词中,"咽"读yàn。

荫

庇荫:"荫"易读错为yīn,正确读音是yìn。

在"树荫""绿荫"等词中,"荫"读yīn。

应

应该:"应"易读错为yìng,正确读音为yīng。

应用:"应"易读错为yīng,正确读音是yìng。

与

与日俱增:"与"易读错为yù,正确读音是yǔ。

参与:"与"易读错为yǔ,正确读音是yù。

熨

熨帖:"熨"易读错为yùn,正确读音是yù。

在"熨烫""熨斗""熨平"等词中,"熨"读yùn。

晕

头晕:"晕"易读错为yùn,正

确读音是yūn。

晕船:"晕"易读错为yūn,正确读音是yùn。

Z

扎

捆扎:"扎"易读错为zhā,正确读音是zā。

扎实:"扎"易读错为zā,正确读音是zhā。

载

转载:"载"易读错为zài,正确读音是zǎi。

载重:"载"易读错为zǎi,正确读音是zài。

藏

宝藏:"藏"易读错为cáng,正确读音是zàng。

躲藏:"藏"易读错为zàng,正确读音是cáng。

着

绝着儿:"着"易读错为zhuó,正确读音是zhāo。

着急:"着"易读错为zhuó,正确读音是zháo。

走着:"着"易读错为zhē,正确读音是zhe。

着色:"着"易读错为zháo,正确读音是zhuó。

爪

爪牙:"爪"易读错为zhuǎ,正确读音是zhǎo。

爪子:"爪"易读错为zhǎo,正确读音是zhuǎ。

折

折腾:"折"易读错为zhé,正确读音是zhē。

折磨:"折"易读错为zhē,正确读音是zhé。

折本:"折"易读错为zhē,正确读音是shé。

症

症结:"症"易读错为zhèng,正确读音是zhēng。

症状:"症"易读错为zhēng,正确读音是zhèng。

中

中听:"中"易读错为zhōng,正确读音是zhòng。

在"中间""中立""中途"等词中,"中"读zhōng。

第五单元 容易出错的词语

转

旋转："转"易读错为zhuàn，正确读音是zhuǎn。

转速："转"易读错为zhuǎn，正确读音是zhuàn。

第三节 生僻字造成的易读错词语

相关的统计信息显示，汉字总数已经超过了80000个，常用的有3500个。这么多的常用汉字，其实学生在实际运用中有很多都没接触过，尤其对小学生来说很多都是生字。学生在认读时，有的读成半边字，有的甚至"望字造音"，难免读错。

考一考

1.给加点字选择正确的读音。

赈灾（zhèn chén）　　迂回（yū yú）

囤积（tún dùn）　　歧途（qí jì）

修葺（qì róng）　　恪守（kè gè）

狙击（jū zǔ）　　玫瑰（guī guì）

2.给词语中的加点字注音。

箴言（　）　　为虎作伥（　）　　轻佻（　）

贿赂（　）　　寂寥（　）　　污秽（　）

蛊惑（　）　　桎梏（　）　　游弋（　）

参考答案：1. zhèn yū tún qí qì kè jū guī　2. zhēn chāng tiāo huì liáo huì gǔ zhì gù yì

下面列举了因为生僻字而容易读错的常见词语,供大家参考。

A

白雪皑皑:"皑"读ái,不读kǎi。
狭隘:"隘"读ài,不读yì。
不谙水性:"谙"读ān,不读yīn。
鏖战:"鏖"读áo,不读lù。

B

纵横捭阖:"捭"读bǎi,不读bǐ。
稗官野史:"稗"读bài,不读bì。
扳平:"扳"读bān,不读fān。
并行不悖:"悖"读bèi,不读bó。
蓓蕾:"蓓"读bèi,不读péi。
迸发:"迸"读bèng,不读pīn。
包庇:"庇"读bì,不读pì。
麻痹:"痹"读bì,不读pì。
刚愎自用:"愎"读bì,不读fù。
复辟:"辟"读bì,不读pì。

针砭:"砭"读biān,不读fá。
濒临:"濒"读bīn,不读pín。
摒弃:"摒"读bǐng,不读píng。
停泊:"泊"读bó,不读pō。
哺育:"哺"读bǔ,不读fǔ。

C

擦拭:"擦"读cā,不读chā。
粗糙:"糙"读cāo,不读zào。
嘈杂:"嘈"读cáo,不读cǎo。
谄媚:"谄"读chǎn,不读xiàn。
忏悔:"忏"读chàn,不读qiān。
为虎作伥:"伥"读chāng,不读cháng。
驰骋:"骋"读chěng,不读pìn。
鞭笞:"笞"读chī,不读chì。
踟蹰:"踟"读chí,不读zhí。
奢侈:"侈"读chǐ,不读zhì。

110

第五单元 容易出错的词语

整饬："饬"读chì，不读shāng。

炽热："炽"读chì，不读zhì。

憧憬："憧"读chōng，不读tóng。

惆怅：读chóu chàng，不读zhōu zhàng。

踌躇：读chóu chú，不读shòu zhù。

黜免："黜"读chù，不读chū。

揣摩："揣"读chuǎi，不读ruì。

椽子："椽"读chuán，不读yuán。

凄怆："怆"读chuàng，不读qiāng。

绰号："绰"读chuò，不读zhuō。

啜泣："啜"读chuò，不读zhuì。

辍学："辍"读chuò，不读zhuì。

宽绰："绰"读chuò，不读zhuō。

瑕疵："疵"读cī，不读zī。

伺候："伺"读cì，不读sì。

烟囱："囱"读cōng，不读tōng。

淙淙流水："淙"读cóng，不读zōng。

璀璨："璀"读cuǐ，不读cuī。

忖度："忖"读cǔn，不读cùn。

蹉跎：读cuō tuó，不读chā tā。

挫折："挫"读cuò，不读cuō。

D

殚精竭虑："殚"读dān，不读dàn。

虎视眈眈："眈"读dān，不读zhěn。

肆无忌惮："惮"读dàn，不读dān。

档案："档"读dàng，不读dǎng。

追悼："悼"读dào，不读diào。

缔造："缔"读dì，不读tì。

玷污："玷"读diàn，不读zhān。

恫吓："恫"读dòng，不读tóng。

新编 学生实用错别字修改大全

踱步："踱"读duó，不读dù。

E

阿谀："阿"读ē，不读ā。
婀娜：读ē nuó，不读ā nà。
扼要："扼"读è，不读wēi。

F

菲薄："菲"读fěi，不读fēi。
沸点："沸"读fèi，不读fó。
凫水："凫"读fú，不读niǎo。

G

佝偻："佝偻"读gōu lóu，不读jù lǚ。
蛊惑："蛊"读gǔ，不读chóng。
桎梏："梏"读gù，不读kù。
皈依："皈"读guī，不读bān。
瑰丽："瑰"读guī，不读guì。
刽子手："刽"读guì，不读kuài。
聒噪："聒"读guō，不读shé。

H

尸骸："骸"读hái，不读hé。
稀罕："罕"读hǎn，不读hàn。
引吭高歌："吭"读háng，不读kàng。
沆瀣一气："沆瀣"读hàng xiè，不读kàng xiè。
干涸："涸"读hé，不读kū。
上颌："颌"读hé，不读è。
一丘之貉："貉"读hé，不读luò。
囫囵吞枣："囫囵"读hú lún，不读wù lùn。
怙恶不悛："怙"读hù，不读gǔ；"悛"读quān，不读jùn。
华山："华"读huà，不读huá。
豢养："豢"读huàn，不读quàn。
病入膏肓："肓"读huāng，不读máng。
讳疾忌医："讳"读huì，不读wěi。
诲人不倦："诲"读huì，不读

第五单元 容易出错的词语

huǐ。
污秽："秽"读huì，不读suì。
贿赂：读huì lù，不读huì luò。

J

畸形："畸"读jī，不读qí。
缉拿："缉"读jī，不读jǐ。
汲取："汲"读jí，不读xī。
棘手："棘"读jí，不读là。
贫瘠："瘠"读jí，不读jī。
脊梁："脊"读jǐ，不读jí。
人才济济："济"读jǐ，不读jì。
信笺："笺"读jiān，不读qiān。
歼灭："歼"读jiān，不读qiān。
草菅人命："菅"读jiān，不读guān。
缄默："缄"读jiān，不读xián。
矫枉过正："矫"读jiǎo，不读jiào。
反诘："诘"读jié，不读jí。
拮据："拮"读jié，不读jí。
抓阄："阄"读jiū，不读qiū。

针灸："灸"读jiǔ，不读jiū。
既往不咎："咎"读jiù，不读jiū。
狙击："狙"读jū，不读zǔ。
镌刻："镌"读juān，不读juàn。
猖獗："獗"读jué，不读juě。
一蹶不振："蹶"读jué，不读juē。

K

同仇敌忾："忾"读kài，不读qì。
恪守："恪"读kè，不读gè。
窥探："窥"读kuī，不读guī。
傀儡：读kuǐ lěi，不读guǐ léi。

L

羸弱："羸"读léi，不读yíng。
罹难："罹"读lí，不读lì。
潋滟："潋"读liàn，不读liǎn。
寂寥："寥"读liáo，不读liǎo。
趔趄：读liè qiè，不读liè qiē。
雕镂："镂"读lòu，不读lǔ。

M

阴霾："霾"读mái，不读lǐ。
联袂："袂"读mèi，不读jué。
闷热："闷"读mēn，不读mèn。
扪心自问："扪"读mén，不读mēn。
愤懑："懑"读mèn，不读mǎn。
萎靡不振："靡"读mǐ，不读mí。
静谧："谧"读mì，不读yì。
分娩："娩"读miǎn，不读wǎn。
酩酊：读mǐng dǐng，不读míng dīng。
荒谬："谬"读miù，不读liáo。
蓦然回首："蓦"读mò，不读mù。
牟取："牟"读móu，不读mōu。

N

赧报："赧"读nǎn，不读shè。
呶呶不休："呶"读náo，不读nú。
泥淖："淖"读nào，不读zhuó。
口讷："讷"读nè，不读nà。
气馁："馁"读něi，不读lěi。
隐匿："匿"读nì，不读ruò。
亲昵："昵"读nì，不读ní。
拈花惹草："拈"读niān，不读zhān。
泥泞："泞"读nìng，不读níng。
忸怩：读niǔ ní，不读chǒu niē。
执拗："拗"读niù，不读yòu。
驽马："驽"读nú，不读nǔ。
虐待："虐"读nüè，不读lüè。

P

澎湃："湃"读pài，不读bài。
蹒跚："蹒"读pán，不读mán。
滂沱：读pāng tuó，不读bàng tā。
彷徨："彷"读páng，不读fáng。

第五单元 容易出错的词语

咆哮："咆"读páo，不读bào。

胚胎："胚"读pēi，不读bēi。

抨击："抨"读pēng，不读pīng。

纰漏："纰"读pī，不读bǐ。

毗邻："毗"读pí，不读bǐ。

癖好："癖"读pǐ，不读bì。

媲美："媲"读pì，不读bǐ。

剽窃："剽"读piāo，不读piáo。

湖泊："泊"读pō，不读bó。

糟粕："粕"读pò，不读bó。

解剖："剖"读pōu，不读pāo。

匍匐：读pú fú，不读bǔ fǔ。

璞玉："璞"读pú，不读bǔ。

Q

休戚与共："戚"读qī，不读qì。

蹊跷：读qī qiao，不读xī xiǎo。

祈祷："祈"读qí，不读qǐ。

颀长："颀"读qí，不读xīn。

歧途："歧"读qí，不读jī。

绮丽："绮"读qǐ，不读yǐ。

修葺："葺"读qì，不读róng。

休憩："憩"读qì，不读xī。

虔诚："虔"读qián，不读qiǎn。

天堑："堑"读qiàn，不读zǎn。

襁褓："襁"读qiǎng，不读qiáng。

翘首远望："翘"读qiáo，不读qiào。

讥诮："诮"读qiào，不读xiāo。

提纲挈领："挈"读qiè，不读xié。

锲而不舍："锲"读qiè，不读qì。

惬意："惬"读qiè，不读jiá。

衾枕："衾"读qīn，不读jīn。

倾盆大雨："倾"读qīng，不读qīn。

引擎："擎"读qíng，不读jìng。

面面相觑："觑"读qù，不读xù。

债券："券"读quàn，不读juàn。

R

荏苒：读 rěn rǎn，不读 rén rán。

妊娠：读 rèn shēn，不读 rén chén。

仍然："仍"读 réng，不读 rēng。

冗长："冗"读 rǒng，不读 róng。

S

穑稿："穑"读 sè，不读 qiáng。

潸然泪下："潸"读 shān，不读 lín。

讪笑："讪"读 shàn，不读 shān。

赡养："赡"读 shàn，不读 zhān。

慑服："慑"读 shè，不读 shē。

海市蜃楼："蜃"读 shèn，不读 chén。

舐犊之情："舐"读 shì，不读 tiǎn。

有恃无恐："恃"读 shì，不读 zhì。

狩猎："狩"读 shòu，不读 shǒu。

束缚：读 shù fù，不读 sù fù。

吸吮："吮"读 shǔn，不读 yǔn。

怂恿："怂"读 sǒng，不读 cóng。

鬼鬼祟祟："祟"读 suì，不读 chóng。

婆娑："娑"读 suō，不读 shā。

T

鞭挞："挞"读 tà，不读 dá。

熏陶："陶"读 táo，不读 tāo。

倜傥：读 tì tǎng，不读 zhōu dǎng。

孝悌："悌"读 tì，不读 dì。

恬不知耻："恬"读 tián，不读 shé。

殄灭："殄"读 tiǎn，不读 zhēn。

轻佻："佻"读 tiāo，不读 zhào。

恸哭："恸"读 tòng，不读

第五单元 容易出错的词语

dòng。
如火如荼："荼"读tú，不读chá。
湍急："湍"读tuān，不读chuǎn。
颓废："颓"读tuí，不读tū。
蜕化："蜕"读tuì，不读duì。
囤积："囤"读tún，不读dùn。

W

逶迤：读wēi yí，不读wěi yě。
龌龊：读wò chuò，不读wū zú。

X

膝盖："膝"读xī，不读qī。
檄文："檄"读xí，不读jī。
狡黠："黠"读xiá，不读jié。
垂涎三尺："涎"读xián，不读yán。
肖像："肖"读xiào，不读xiāo。
采撷："撷"读xié，不读jí。
机械："械"读xiè，不读jiè。
纸屑："屑"读xiè，不读xiāo。

不朽："朽"读xiǔ，不读xiù。
长吁短叹："吁"读xū，不读yū。
自诩："诩"读xǔ，不读yǔ。
抚恤金："恤"读xù，不读xū。
和煦："煦"读xù，不读xùn。
酗酒："酗"读xù，不读xiōng。
洞穴："穴"读xué，不读xuè。
戏谑："谑"读xuè，不读nuè。
徇私舞弊："徇"读xùn，不读xún。

Y

倾轧："轧"读yà，不读zhá。
湮没："湮"读yān，不读yīn。
筵席："筵"读yán，不读yàn。
赝品："赝"读yàn，不读yān。
佯装："佯"读yáng，不读yǎng。
窈窕：读yǎo tiǎo，不读yòu zhào。
揶揄：读yé yú，不读yē yù。

陶冶:"冶"读yě,不读zhì。
拜谒:"谒"读yè,不读jiē。
笑靥:"靥"读yè,不读yǎn。
摇曳:"曳"读yè,不读zhuài。
迤逦:读yǐ lǐ,不读yì lì。
旖旎:读yǐ nǐ,不读qí nǐ。
后裔:"裔"读yì,不读xī。
肄业:"肄"读yì,不读sì。
游弋:"弋"读yì,不读gē。
造诣:"诣"读yì,不读zhǐ。
迂回:"迂"读yū,不读yú。
伛偻:读yǔ lǚ,不读gōu lóu。
驾驭:"驭"读yù,不读yòu。
酝酿:"酝"读yùn,不读yún。

Z

暂时:"暂"读zàn,不读zhàn。
确凿:"凿"读záo,不读cuó。
咋舌:"咋"读zé,不读zǎ。
憎恶:"憎"读zēng,不读zèng。
札记:"札"读zhá,不读lǐ。
占卜:"占"读zhān,不读zhàn。

精湛:"湛"读zhàn,不读shèn。
客栈:"栈"读zhàn,不读jiǎn。
破绽:"绽"读zhàn,不读dìng。
沼泽:"沼"读zhǎo,不读zhāo。
贬谪:"谪"读zhé,不读dī。
蛰伏:"蛰"读zhé,不读zhí。
甄别:"甄"读zhēn,不读wǎ。
箴言:"箴"读zhēn,不读xián。
缜密:"缜"读zhěn,不读zhēn。
赈灾:"赈"读zhèn,不读chén。
对峙:"峙"读zhì,不读shì。
胡诌:"诌"读zhōu,不读chǎn。
撰稿:"撰"读zhuàn,不读gòng。
谆谆:"谆"读zhūn,不读chún。
灼热:"灼"读zhuó,不读

第五单元　容易出错的词语

sháo。
卓越:"卓"读zhuó,不读zhuō。

浸渍:"渍"读zì,不读jì。
恣意:"恣"读zì,不读sì。

第四节　学生易错易混词语辨析

词语使用错误,主要有以下两个原因:一是对某些词语的意思不了解,望文生义而造成用错;二是以讹传讹,以致一些词语被错误使用。

考一考

1.在恰当的词语下面划"_____"。
（1）当祖国（需要　须要）你的时候,你准备好了吗?
（2）（权利　权力）是人民给的,我只能把它用在更好地为人民服务上。
（3）山洪（暴发　爆发）,冲垮了路基。
（4）内容必须（简捷　简洁）而准确。

2.判断下列句子中加点的词语使用是否正确,正确的画"√",错误的画"×"。
（1）我对你说的都是一些秘密,请你不要泄露给别人。（　）
（2）对日本歪曲事实、窜改历史的行为,只要是中国人都会觉得义愤填膺。（　）
（3）为一方百姓谋取幸福,是每个从政者的根本职责。（　）
（4）上课铃响了,教室里渐渐宁静下来。（　）

119

参考答案：1.（1）需要 （2）权力 （3）暴发 （4）简洁
2.（1）√ （2）× （3）√ （4）×

下面对一些经常使用，且容易产生混淆的词语进行了归纳整理，希望对同学们的学习能有所帮助。

A

安静　宁静

安静：重在稳定，有使安稳、平静下来的意思，强调的是由闹到静的过程。

【例句】上课铃响了，教室里渐渐安静下来。

宁静：重在平和，一般多指平和、安静，描述的是平静的状态或气氛。

【例句】清晨，公园里十分宁静。

B

暴发　爆发

暴发：忽然发作；突然发财或得势（多含贬义）。

【例句】天天下大雨使得山洪暴发。

爆发：岩浆迸出；突然发生。

【例句】爸爸的脸色好难看啊，他像火山爆发一样发怒了。

本义　本意

本义：指词语的本来意义。

【例句】这个字的本义现在不用了。

本意：指原来的意思或意图。

【例句】生活的本意是爱，谁不会爱，谁就不能理解生活。

必需　必须

必需：一定要有；不可少。

【例句】健康是我们发展事业和获取幸福所必需的，没有健康，

第五单元 容易出错的词语

就不可能有什么幸福可言。

必须：表示事理上和情理上必要；一定要。

【例句】你必须以诚待人，别人才会以诚相报。

鞭笞　鞭挞

鞭笞：用鞭子或板子打。

【例句】狱卒鞭笞他，将他牙齿打掉了。

鞭挞：也指鞭打，现多用于形容无情地谴责、抨击。

【例句】这部作品对旧社会的丑恶现象进行了无情的揭露和鞭挞。

C

常规　陈规

常规：经常实行的规矩或规定。

【例句】一些常规工作占据了你的大部分时间。

陈规：不适用的旧规章制度。

【例句】面对新形势，我们应该打破陈规，与时俱进，不能作茧自缚。

长年　常年

长年：一年到头，整年。

【例句】老张长年在野外工作。

常年：终年，长期；平常的年份。

【例句】山顶上常年积雪。

处世　处事

处世：泛指在社会上的活动，与人来往、相处。

【例句】人在社会上，立身处世的根本是以诚待人。

处事：指处理事务。

【例句】他为人处事十分洒脱，即使在生人面前也从不拘束。

篡改　窜改

篡改：用作伪的手段改动或曲解（经典、理论、政策等）。

【例句】对日本歪曲事实、篡改历史的行为，只要是中国人都会感到义愤填膺。

窜改：改动（成语、文件、古书等）。

【例句】他因企图窜改公司财务记录而被逮捕。

D

定金 订金

定金：指一方当事人为保证合同履行，向对方当事人给付的一定款项。

【例句】我将付你一百元定金，其余款项在交货时付清。

订金：指订购商品预付的款项。

【例句】先生，如果你能付一点订金，我会将那套西装为你留起来。

E

遏止 遏制 扼制

遏止：阻止。

【例句】革命洪流不可遏止。

遏制：控制，制止。

【例句】你应该遏制一下自己激动的情绪。

扼制：控制，抑制。

【例句】我军战士扼制住了敌人的火力。

F

发愤 发奋

发愤：决心努力。

【例句】我们应该发愤图强，把祖国建设得更美好。

发奋：振作起来，发愤用功。

【例句】陈景润发奋钻研，攀登上了科学高峰。

法制 法治

法制：指法律制度体系，包括一个国家的全部法律、法规以及立法、执法、司法、守法和法律监督等。

【例句】我们要经常对学生进行法制教育。

法治：指先秦时期法家的政治思想，主张依法治国；根据法律治理国家和社会。

【例句】我们所盼望的是法治，是各国之间和各国内部的自由。

反应 反映

反应：指事情所引起的意见、态

度或行动。

【例句】大地震发生前夕，某些动物往往有异常的反应。

反映：把客观事物的实质表现出来；把情况、意见等告诉上级或有关部门。

【例句】听课的情况反映出我们是一个素质良好的集体。

妨碍　妨害

妨碍：阻碍。

【例句】任何车辆和行人，都不能妨碍交通。

妨害：有害于。

【例句】吸烟妨害人们的身体健康。

分辨　分辩

分辨：辨别，发现区别。

【例句】从外观上看，这两件物件真的分辨不出真假。

分辩：辩白，解释争论。

【例句】老师批评学生，应该允许学生分辩，把事情真相搞清楚。

扶养　抚养

扶养：扶助，供养。

【例句】他从小父母双亡，是由他二叔扶养长大的。

抚养：爱护，教养。

【例句】母亲含辛茹苦地把我们抚养成人。

G

干涉　干预

干涉：着重于强行参与、横加阻挠，多指用粗暴、强硬的手段过问或制止，迫使对方服从。

【例句】美国经常打着人权的幌子干涉别国内政。

干预：着重于过问别人的事，一般是给对方一定的压力和影响。

【例句】父母可以有自己的理想，但干预孩子的理想，就等于不承认孩子的独立人格。

供品　贡品

供品：指供奉神佛祖宗用的瓜果酒食等。

【例句】他在供案上摆放了各种供品，然后开始跪拜祭祀。

贡品：指古代属国或本国臣民献给帝王的礼物。

【例句】它位于中国十大名茶之首,历史上曾被列为贡品。

勾通　沟通

勾通：指暗中串通，相互勾结，贬义词。

【例句】可耻的叛徒，勾通敌人，出卖了上海的地下党组织。

沟通：指两方能够通连。

【例句】爱是教师与孩子心灵沟通的桥梁。

关怀　关心

关怀：对象只能是人，而不能是某一件事情。

【例句】政府和社会对我们非常关怀。

关心：把人和事情常放在心上，表示重视和爱护。

【例句】我对这些事从来不关心。

贯串　贯穿

贯串：头尾连接而相通，一般用于抽象事物。

【例句】这篇讲话贯串着民本思想。

贯穿：穿过，连通。

【例句】这条公路贯穿了五个省。

灌注　贯注

灌注：浇进，注入。

【例句】工人师傅把铁水灌注到模型里。

贯注：连贯，连通；（精神、精力）集中。

【例句】上课听讲时要全神贯注。

H

和　与　及

和：用得最广泛，口语和书面语中都很常见。可以连接名词性成分，也可以连接动词或形容词性成分，表示平等联合。

【例句】这件事情还要进一步调查和了解。

与：较多连接名词性词语，也可

第五单元 容易出错的词语

连接动词性、形容词性词语，多用于书面语，书名、标题中常见。

【例句】工业与农业的发展都依赖科学技术的进步。

及：一般连接并列的名词性成分，多用于书面语。跟"和"相同，连接三项以上成分时，"及"要用在最后两项之间。值得注意的是，"及"连接的成分往往有主次之分，"及"后的成分是次要的。

【例句】图书、仪器及其他物品已经搬进了新教学楼。

化装　化妆

化装：指演戏时装扮，有时也指为了某种原因装扮。

【例句】演员已经化装好了，正在等待上场。

化妆：指美容，多用于女性。

【例句】她每天早上化妆要用一定的时间。

涣然　焕然

涣然：形容嫌隙、疑虑、误会等完全消除。

【例句】他的一席话使我们之间的误会和疑虑涣然冰释。

焕然：形容有光彩。

【例句】新年快到了，妈妈把屋子装饰得焕然一新。

J

机制　体制　制度

机制：侧重于指起某种作用的系统，或者说侧重于指某种成系统的作用。

【例句】这件事也反映出市政府危机事件反应机制尚不够迅速、灵活、高效。

体制：侧重于指某个领域的机构设置和运作。

【例句】许多同志提出，要加大教育投入并积极推进教育体制改革。

制度：侧重于指某方面的规定、规程或行动准则。

【例句】"黄金周"休假制度，对我市旅游业的发展起到了巨大的拉动作用。

急流　激流

急流：湍急的水流。
【例句】我在急流中调整方向时，水流将我推向左边。
激流：湍急的水流，受阻而涌起。
【例句】特警战士们想尽办法从激流中救起了被困的儿童。

简洁　简捷

简洁：说话、写文章简明扼要。
【例句】刘老师讲话简洁、明了。
简捷：直截了当，简便快捷。
【例句】新书上市时，上网购买或直接从网上下载有声读本，比等着市面上出售这些书来得简捷。

检察　检查

检察：审查被检举的犯罪事实。
【例句】他的罪行，我们已经向检察机关提出申诉。
检查：为了发现问题而用心查看。
【例句】定期检查身体，是一个良好的生活习惯。

截止　截至

截止：（到一定期限）停止。
【例句】参军报名在昨天已经截止。
截至：截止到（某个时候）。
【例句】参军报名的日期截至本月底。

界限　界线

界限：不同事物的分界。
【例句】这新旧两种观念的界限，真是判若鸿沟。
界线：两个地区分界的线。
【例句】他们用白漆标出了网球场的界线。

久仰　久违

久仰：指初次见面的客套话。
【例句】久仰大名，今日相见真

第五单元 容易出错的词语

是三生有幸。

久违：好久不见。

【例句】久违的阳光，给人们带来了无限暖意。

聚积　聚集

聚积：一点一滴地积累。

【例句】只要在阅读中注意聚积，你就一定能把语文学好。

聚集：集合，凑在一起。

【例句】表演开始了，人们从四面八方聚集到舞台跟前。

巨变　剧变

巨变：指巨大的变化。

【例句】几十年来，本地发生了巨变，每回首往昔都有人世沧桑之感。

剧变：指剧烈变化。

【例句】突然接到家中发生剧变的消息，一向坚强的她，竟变得六神无主。

K

考察　考查

考察：实地观察、调查。

【例句】开学第一天，许多领导来我们学校考察新教学楼建设工程。

考查：用一定的标准来检查衡量。

【例句】学校定期考查同学们的学习成绩。

L

连播　联播

连播：指广播电台或电视台把一个内容较长的节目分若干次连续播出。

【例句】这部电视剧每天三集连播。

联播：指若干广播电台或电视台同时播送或转播某电台或电视台的节目。

【例句】今天的新闻联播延长了。

M

蒙眬 朦胧

蒙眬：快要睡着或刚醒时，两眼半开半闭，看东西模糊的样子。
【例句】午睡时间太长，我好不容易起床，眼前却蒙眬一片。
朦胧：月光不明；不清楚。
【例句】一场雨后，西湖烟雾朦胧。

牟取 谋取

牟取：指获取名利，贬义词。
【例句】诈骗分子则通常利用这些因素，转手倒卖以牟取暴利。
谋取：指的是设法取得，一般用于褒义。
【例句】为官从政，应当为一方百姓谋取幸福。

N

年轻 年青

年轻：指年纪不大；年纪比相比较的对象小。
【例句】保持一颗年轻的心，做个简单的人，享受阳光和温暖。
年青：指处在青少年时期。
【例句】年青的一代，应该把精力多用到学习上去。

P

旁征 旁证

旁征：广泛收集。
【例句】在学术报告会上，他旁征博引，博得了听众们的好评。
旁证：侧面的证据。
【例句】陪审团不会仅仅根据旁证来定罪。

Q

期望 希望

期望：对未来的事物或人的前途有所希望和等待。
【例句】好好比赛，不辜负大家的期望。
希望：要求、盼望达到某种目的。

第五单元 容易出错的词语

【例句】对于未来，我们都应该充满希望。

情义　情谊　情意

情义：指亲属、同志、朋友相互间应有的感情。

【例句】姐姐省吃俭用供他读书，待他很有情义。

情谊：指人与人之间相互关切、爱护的感情。

【例句】我和同桌的情谊，为六年的校园生活增添了乐趣。

情意：是指对人的感情。

【例句】过年了，我为身在美国的姐姐寄去一个中国结，千里送鹅毛，礼轻情意重。

权力　权利

权力：政治上的强制力量，职责范围内的支配力量。

【例句】全国人民代表大会是最高国家权力机关。

权利：公民或法人依法行使的权力和享受的利益。

【例句】人没有选择出生环境的权利，却有改变生活环境的权利。

R

溶化　熔化　融化

溶化：物质在液体里化开。

【例句】盐很快溶化在水里了。

熔化：固体加热到一定温度变成液体。

【例句】随着温度的升高，铁熔化成了红通通的铁水。

融化：（冰、雪等）变成水。

【例句】春天来了，冰雪融化了。

S

申明　声明

申明：只作动词，指郑重地申诉理由或道理。

【例句】为了避免误解，我需要再一次申明我的意见。

声明：公开表示态度或说明真相；声明的文告。

【例句】我国政府发表声明，对某国政府干涉我国内政表示强烈抗议。

审订　审定

审订：指审阅修订。

【例句】本教材由著名语言学专家审订。

审定：指审查决定。

【例句】厂领导广泛听取工人意见，重新审定了明年的工作计划，并把它提交职工代表大会。

实行　施行

实行：用行动来实现（纲领、政策、计划等）。

【例句】新华书店实行开架售书，以便读者选购。

施行：法令、规章等公布后从某时起发生效力；按某种方式或办法去做。

【例句】新颁布的《教师法》从今日起施行。

熟悉　熟习

熟悉：了解得很清楚。

【例句】我很熟悉这里的情况。

熟习：（对某种技术或学问）学习得很熟练或了解得很深刻。

【例句】爷爷熟习果树栽培技术。

树立　竖立

树立：指建立，多用于抽象的好的事情。

【例句】我们应该树立大环境意识，保护生态环境。

竖立：指物体垂直而立，一端向上，一端接触地面或埋在地里。

【例句】操场正前方竖立着高高的旗杆。

侍候　伺候

侍候：陪伴、服侍。

【例句】她吃饭向来非常挑剔，很难侍候。

伺候：在人身边供使唤，照料饮食起居。

【例句】奶奶卧病在床，妈妈精心伺候。

T

特别　非常

两者都是程度副词,但是又有所区别。在修饰同一个词的情况下,"特别"比"非常"程度更深,非常指不是一般或者不是平常的,而特别是指有特点的、不同的。

【例句】这杯牛奶并不特别新鲜。

【例句】这杯牛奶非常新鲜。

调节　调解　斡旋

调节:从数量上或程度上调整,使适合要求。

【例句】水能调节动物的体温。

调解:劝说双方消除纠纷。

【例句】我妈妈是一名社区工作人员,大家有了矛盾都愿意找她来调解。

斡旋:调解周旋,解决争端。意思同"调解",属于书面语,不能带宾语。

【例句】政府将从中斡旋,解决此次争端。

凸显　突显

凸显:指清楚地显露。

【例句】草地上凸显出一座花坛。

突显:指突出地显露,强调的是在众多之中显现出来。

【例句】通过这次应急事件的处理,他的能力在全班突显出来了。

推脱　推托

推脱:推卸、推辞,不愿意承担任务、责任等。

【例句】出了差错,要多从自己身上找原因,不是老是埋怨别人,推脱责任。

推托:指借故拒绝。

【例句】我约他来谈谈,他推托说:"晚上我有事,改天再说吧!"

W

违反　违犯

违反：不遵守，不符合（法则、规程等）。
【例句】违反纪律的同学应该受到批评。
违犯：违背和触犯（法律等）。
【例句】他违犯了《刑法》，自然是罪有应得。

委曲　委屈

委曲：勉强服从，暂时忍受。
【例句】为了班集体利益,他只好委曲求全。
委屈：受到不应该有的指责或待遇，心里难过。
【例句】他辛苦工作了半天还受埋怨，觉得很委屈。

未免　难免

未免：表示对某种过分的情况不以为然，侧重在评价。
【例句】这些手续未免规定得过分烦琐。
难免：表示客观上不容易避免。
【例句】不努力学习，难免要落后。

侮蔑　诬蔑　污蔑

侮蔑：轻视，轻蔑。
【例句】他的眼神是冷酷的，充满着厌恶和侮蔑。
诬蔑：捏造事实，败坏别人的名誉。
【例句】诬蔑别人是不道德的行为。
污蔑：歪曲事实，造谣诽谤，败坏他人的名誉。
【例句】他一向光明正大，有人说他搞阴谋，那显然是污蔑。

X

消失　消逝

消失：逐渐减少以至没有，不存在了。
【例句】服了药，身上的红斑点就消失了。
消逝：慢慢逝去，不再存在，常用于时间、声音、流水等。

第五单元 容易出错的词语

【例句】她感叹青春年华的消逝。

泄漏　泄露

泄漏：指（液体、气体等）漏出。

【例句】昨天，煤气公司发生了严重的泄漏事件。

泄露：指不该让人知道的事情让人知道了。

【例句】我对你说的都是一些秘密，请你不要泄露给别人。

心酸　辛酸

心酸：心里痛苦，悲伤。

【例句】他的话叫人听了心酸。

辛酸：比喻苦难的遭遇。

【例句】为了孩子的成长，必须让孩子体验父母劳动的辛苦和辛酸。

兴起　掀起

兴起：指开始出现并兴盛起来，强调的是刚刚开始出现而逐渐兴盛。

【例句】在摄影兴趣小组的带领下，摄影热在这所中学悄然兴起。

掀起：指使运动等大规模地兴起，比"兴起"范围广，程度深，气势大。

【例句】海军某部掀起了学习邓小平理论的热潮。

形迹　行迹

形迹：指举动和神色；痕迹、迹象；礼貌。

【例句】在交往中，不拘形迹的人总是讨人嫌。

行迹：指行动的踪迹。

【例句】这个人的行迹诡秘，十分可疑。

须要　需要

须要：一定要。

【例句】她病得很重，须要立即送医院抢救。

需要：应该有或必须有；对事物的欲望或要求。

【例句】为了我们的家园，需要大家一起行动起来，保护环境。

喧腾　暄腾

喧腾：喧闹沸腾。
【例句】潮来了，大堤上人声喧腾。
暄腾：松软而有弹性。
【例句】今天的馒头蒸得暄腾。

宣泄　发泄

宣泄：舒散，吐露心中的积郁等，也有泄露、使积水流出去之意。比"发泄"内涵更丰富，适用范围也较大。
【例句】那些孩子在操场上玩，宣泄过剩的精力。
发泄：尽量发出，对象为情欲或不满情绪等。
【例句】他大吼着，发泄心中不平。

玄乎　悬乎

玄乎：玄虚难以捉摸。
【例句】他说得太玄乎了。
悬乎：危险；不保险、不牢靠。
【例句】这事办得很悬乎。

Y

压制　抑制

压制：用威力使人屈服。
【例句】我们把敌人的火力压制住了。
抑制：压下去，控制。
【例句】回首往事，我抑制不住心头的激动。

淹没　湮没

淹没：漫过、盖过。多指具体事物。
【例句】掌声淹没了他的讲话声。
湮没：多指因时间的流逝而埋没。
【例句】这些暴发户很是风光过一阵子，现在已经湮没无闻了。

以为　认为

以为：语气不大肯定，也比较随便。
【例句】你不要以为我是为他们伤心，我是为他们骄傲！

第五单元 容易出错的词语

认为：表示肯定的看法和判断，语气肯定，也比较郑重。
【例句】我们认为，一个学生，最重要的任务就是学习知识，努力让自己成为一个对社会有用的人。

义气　意气

义气：指由于私人关系而甘于承担风险或牺牲自己利益的气概。
【例句】老王这人很讲义气，值得交往。
意气：意志和气概，志趣和性格，也指由于主观和偏激而产生的情绪。
【例句】任何时候，我们都不能意气用事。

有关　相关

有关：表示有关系或涉及。
【例句】请刘秘书把有关部门的负责人约来，星期三谈一次。
相关：表示彼此关联或互相牵涉。
【例句】教育事业的发展与本地区经济的发展紧密相关。

预定　预订

预定：指预先规定或约定。
【例句】跳伞运动员正好降落在预定地点。
预订：指预先订购。
【例句】我们去酒店之前，可以在网上预订房间。

原形　原型

原形：指原来的形状或本来的面目，常含贬义。
【例句】这个冒名顶替的骗子终于现出了原形。
原型：指原来的类型或模型，特指叙事性文学作品中塑造人物形象所依据的现实生活中的人。
【例句】他就是这部电视剧中主人公的原型。

Z

震动　振动

震动：指物体突然受外力影响而迅速、剧烈地颤动，引申为精神、思想受到重大事件、消息的刺激或强烈影响。

【例句】白天的大会使他心灵上受到强烈震动，他不得不思考自己的生活道路。

振动：指物体通过一个中心位置，不断做往返运动，这种运动是有规律的，其结果没有破坏性。

【例句】管乐器的声音是由振动的气柱产生的。

蒸气　蒸汽

蒸气：液体、固体因蒸发、沸腾或升华而变成的气体。

【例句】小明的鼻子冻得通红，嘴里一阵一阵地喷着蒸气。

蒸汽：水蒸气。

【例句】今年夏天，热得让人走在街上，就像进了蒸汽浴室一样难熬。

志愿　自愿

志愿：志向，意愿。

【例句】为人民服务是我的志愿。

自愿：自己愿意。

【例句】今天，大家都自愿去敬老院参加义务劳动。

制定　制订

制定：定出（法律、规程、政策等）。

【例句】制定法律的人可以随意触犯法律，这样的法律还有什么意义。

制订：创制拟定。

【例句】为了更好地开展工作，我们提前制订下一步工作计划。

治服　制服

治服：治理、整治使之服从。

【例句】在全省军民的共同奋战下，这场百年不遇的特大洪水被乖乖地治服了。

制服：用强力压制使驯服。

【例句】这匹烈性马被制服了。

质疑　置疑

质疑：提出疑问。

【例句】做学问，就要有质疑问

第五单元 容易出错的词语

难的勇气。

置疑：怀疑，常用于否定形式，如"无可置疑""毋庸置疑"。

【例句】中国教育必须走出应试教育的误区，这是毋庸置疑的。

终身　终生

终身：一生，一辈子（多用于切身的事）。

【例句】好的习惯是一笔财富，一旦你拥有它，你就会受益终身。

终生：一生（多用于事业）。

【例句】实现共产主义，是所有共产党人终生的奋斗目标。

逐渐　逐步

逐渐：渐渐，慢慢变化。只用于事物的变化。

【例句】天色逐渐暗了下来。

逐步：一步一步地，发生阶段变化。多用于形容人有计划地努力。

【例句】工作逐步开展起来了。

自诩　自许

自诩：指自夸，贬义词。

【例句】虽然他自诩才高八斗，但我读他的"著作"却并无此感觉。

自许：指自我称赞或自命。

【例句】这大约是小说家自嘲或自许的游戏了。

第六单元 容易出错的成语

第一节 学生容易写错的成语

成语是我国汉字语言词汇中一部分定型的词组或短句,有固定的结构形式和固定的意义,在语句中是作为一个整体来应用的。成语有很大一部分是从古代相承而沿用下来的,在语言形式上大部分都是约定俗成的四字结构,文字不能随意更换。因此,成语具有以下的基本特征:

(1)结构的固定性。成语的构成成分和结构形式都是固定的,一般不能随意变更或增减。例如"唇亡齿寒"不能改为"唇亡牙冷""唇亡牙寒""唇无牙冷";"胸无点墨",也不能增加成"胸中无一点墨"。此外,成语里的语序也有固定性,不能随意更改。例如"来龙去脉"不能改为"去脉来龙","汗马功劳"不能改为"功劳汗马"。

(2)意义的整体性。成语在意义上具有整体性。它的意义往往不是其构成成分意义的简单相加,而是在其构成成分意义的基础上进一步概括出来的整体意义。如"狐假虎

第六单元 容易出错的成语

威",表面意义是"狐狸假借老虎的威势吓跑百兽",引申为"倚仗别人的权势去欺压人";"兔死狗烹",表面意义是"兔子死了,猎狗就被人烹食",引申为"事成之后杀害有功之人";"废寝忘食",表面意义是"顾不得睡觉和吃饭",实际上形容"极为专心努力",等等。

(3)语法功能的多样性。从汉语语法的角度来看,成语在句子里相当于一个短语,因为短语在一个句子中能充当不同的成分,所以成语的语法功能也具有多样性。

成语的基本特征,决定了我们在学习和使用成语时,必须对成语有一个全面的了解和掌握,否则就会读错、写错、用错,从而闹出笑话。

在运用成语的过程中,有时会错用同音字或近义词,这类错误出现的频率非常高,所以使用成语时,要特别注意用字正确。

考一考

1.成语填空。

( )然失色　　别出( )裁　　按( )就班
不( )思索　　陈词( )调　　杯盘狼( )
仓( )失措　　( )流不息　　破( )沉舟
迫不( )待　　功亏一( )　　狼( )不堪
海角天( )　　面黄( )瘦　　汗流( )背
明( )是非　　好高( )远　　名( )其实
文过( )非　　名列前( )

2.用"√"划出正确的字。

（换 焕）然一新　　（莫 漠）不关心　　（激 急）流勇退
（墨 默）守成规　　（喧 宣）宾夺主　　（班 搬）门弄斧
一（愁 筹）莫展　　其貌不（扬 阳）　　一张一（驰 弛）
（恼 脑）羞成怒　　（烂 滥）竽充数　　披星（带 戴）月
欲盖弥（彰 张）　　运筹帷（握 幄）　　真知（灼 着）见
再接再（励 厉）　　责无旁（带 贷）　　自（爆 暴）自弃
走（头 投）无路　　仗义（直 执）言

参考答案： 1.黯 心 部 假 滥 藉 皇 川 釜 及 篑 狈 涯 肌 浃 辨 鹜 副 饰 茅　2.焕 漠 激 墨 喧 班 筹 扬 弛 恼 滥 戴 彰 幄 灼 厉 贷 暴 投 执

本节列出了一些常见的容易写错的成语，供同学们积累与参考。

A

和蔼可亲

【成语释义】蔼：和气，态度好。和蔼可亲：态度温和，容易接近。

【误写提示】蔼：注意不要写成"霭"。

按兵不动

【成语释义】按：压住，搁下。按兵不动：指军队暂不行动，等待时机，也借指接受任务后不肯行动。

【误写提示】按：注意不要写成"安"。

第六单元　容易出错的成语

黯然失色

【成语释义】黯然：阴暗的样子。黯然失色：形容相比之下暗淡无光，大为逊色的样子。

【误写提示】黯：注意不要写成"暗"。

B

飞扬跋扈

【成语释义】跋扈：蛮横。飞扬跋扈：原意为豪放高傲，不受约束，后形容骄横放纵。

【误写提示】跋：注意不要写成"拔"。

纵横捭阖

【成语释义】纵横：用游说来联合；捭阖：开合。纵横捭阖：以辞令打动别人，在政治和外交上运用分化或联合的手段来达到自己的目的。

【误写提示】捭：注意不要写成"俾"。

筚路蓝缕

【成语释义】筚路：柴车；蓝缕：破衣。筚路蓝缕：指驾着柴车，穿着破旧的衣服去开辟山林，形容创业艰辛。

【误写提示】筚：注意不要写成"毕"。

金碧辉煌

【成语释义】金碧：指中国画颜料中的泥金、石青和石绿，用它们画出来的画鲜亮耀眼。金碧辉煌：通常用于形容建筑物等异常华丽，光彩夺目。

【误写提示】碧：注意不要写成"璧"。

分道扬镳

【成语释义】镳：马嚼子；扬镳：策马前进。分道扬镳：比喻因思想、志趣不同而各人干各人的事。

【误写提示】镳：注意不要写成"镖"。

按部就班

【成语释义】部：类别；班：次序。按部就班：原指写文章按类别安排文义，按顺序组织文辞，后指按照一定的次序或步骤行事。

【误写提示】部：注意不要写成"步"。

C

沧海桑田

【成语释义】沧海：大海。沧海桑田：形容世事变化巨大。

【误写提示】沧：注意不要写成"苍"。

如愿以偿

【成语释义】偿：归还、抵补，引申为"满足、实现"。如愿以偿：表示愿望实现了。

【误写提示】偿：注意不要写成"尝"。

相形见绌

【成语释义】绌：不够、不足。相形见绌：跟另一人或事物比较起来显得远远不如。

【误写提示】绌：注意不要写成"拙"。

川流不息

【成语释义】川：河流。川流不息：行人、车马等像流水一样连续不断。

【误写提示】川：注意不要写成"穿"。

F

流言蜚语

【成语释义】蜚：同"飞"；流言、蜚语：毫无根据的话。流言蜚语：多指诬蔑或挑拨离间的坏话。

【误写提示】蜚：注意不要写成"绯"。

发愤图强

【成语释义】发愤：下决心努力。发愤图强：下定决心，努力进取，谋求强盛。

【误写提示】愤：注意不要写成"奋"。

第六单元　容易出错的成语

名副其实

【成语释义】副：符合。名副其实：名称或名声与实际相符合。

【误写提示】副：注意不要写成"幅"。

重蹈覆辙

【成语释义】覆辙：翻过车的老路。重蹈覆辙：比喻不吸取失败的教训，重犯过去的错误。

【误写提示】覆：注意不要写成"复"。

G

骨鲠在喉

【成语释义】骨鲠：鱼刺。骨鲠在喉：比喻有话憋在心里，不吐不快。

【误写提示】鲠：注意不要写成"梗"。

蛊惑人心

【成语释义】蛊：毒虫，用来放在食物里害人。蛊惑人心：指用欺骗、引诱等手段迷惑人，使人上当。

【误写提示】蛊：注意不要写成"鼓"。

H

老奸巨猾

【成语释义】猾：狡猾。老奸巨猾：形容十分奸诈狡猾。

【误写提示】猾：注意不要写成"滑"。

病入膏肓

【成语释义】膏肓：我国古代医学上把心尖脂肪叫膏，心脏和膈膜之间叫肓，认为此二者是药力达不到的地方。病入膏肓：病到了无法医治的地步，也比喻事情严重到了不可挽救的程度。

【误写提示】肓：注意不要写成"盲"。

皇皇巨著

【成语释义】皇皇：形容堂皇、盛大。皇皇巨著：形容著作浩大。

【误写提示】皇皇：注意不要写成"煌煌"。

J

岌岌可危

【成语释义】岌岌：形容十分危险，快要倾覆或灭亡。岌岌可危：指局势或处境非常危险。

【误写提示】岌岌：注意不要写成"及及"。

人才济济

【成语释义】济济：读作jǐ jǐ，义为"众多的样子"。人才济济：形容有才能的人很多。

【误写提示】济济：注意不要写成"挤挤"。

汗流浃背

【成语释义】浃：读jiā，义为湿透；浃背：湿透脊背。汗流浃背：形容满身大汗。

【误写提示】浃：注意不要写成"夹"。

不假思索

【成语释义】假：凭借、依靠。不假思索：形容说话做事迅速。

【误写提示】假：注意不要写成"加"。

弱不禁风

【成语释义】禁：承受。弱不禁风：连风吹都禁受不住，形容身体虚弱或娇弱。

【误写提示】禁：注意不要写成"经"。

噤若寒蝉

【成语释义】噤：闭口不言；寒蝉：深秋的蝉，寒蝉是不叫的。噤若寒蝉：形容不敢作声。

【误写提示】噤：注意不要写成"禁"。

不胫而走

【成语释义】胫：小腿。不胫而走：比喻事物用不着推行就能到处流传。

【误写提示】胫：注意不要写成"径"。

第六单元 容易出错的成语

L

青出于蓝

【成语释义】蓝：蓼蓝，一种草本植物，叶汁可制蓝色染料；青：靛青，从蓼蓝叶汁中提炼出来的青色染料，颜色比蓼蓝深。后来用"青出于蓝"比喻学生胜过老师，后人胜过前人。

【误写提示】蓝：注意不要写成"兰"。

危如累卵

【成语释义】累：堆积；累卵：一层层堆积起来的蛋。危如累卵：形容形势极其危险。

【误写提示】累：注意不要写成"垒"。

变本加厉

【成语释义】厉：猛烈。变本加厉：指相较以前变得更加严重，用作贬义。

【误写提示】厉：注意不要写成"利"。

再接再厉

【成语释义】厉：通"砺"，即磨刀石，作动词用，表示"磨砺"。再接再厉：原指公鸡相斗时，在每次交锋之前，先磨一下嘴。后指一次又一次地继续努力。

【误写提示】厉：注意不要写成"励"。

励精图治

【成语释义】励：振奋。励精图治：振作精神，想办法把国家治理好。

【误写提示】励：注意不要写成"厉"。

伶牙俐齿

【成语释义】伶、俐：都指聪明灵活。伶牙俐齿：形容口齿伶俐，能说会道。

【误写提示】俐：注意不要写成"利"。

寥寥无几

【成语释义】寥寥:稀少。寥寥无几:形容非常少。

【误写提示】寥寥:注意不要写成"廖廖"。

流芳百世

【成语释义】流芳:好的名声流传。流芳百世:好的名声在后世永远流传。

【误写提示】流:注意不要写成"留"。

美轮美奂

【成语释义】轮:轮囷,古代的一种圆形谷仓,形容高大的样子;奂:文采鲜明。美轮美奂:形容新屋高大美观,也形容装饰、布置等美好漂亮。

【误写提示】轮:注意不要写成"仑"。

攻城略地

【成语释义】略:夺取。攻城略地:攻打城市,掠夺土地,常指战争。

【误写提示】略:注意不要写成"掠"。

M

不毛之地

【成语释义】形容贫瘠的土地或荒凉的地区。

【误写提示】毛:注意不要写成"茅"。

弥天大谎

【成语释义】弥天:满天,形容极大。弥天大谎:极大的谎话。

【误写提示】弥:注意不要写成"迷"。

所向披靡

【成语释义】靡:顺风倒下。所向披靡:比喻力量所到之处,一切障碍全被扫除。

【误写提示】靡:注意不要写成"糜"。

第六单元 容易出错的成语

靡靡之音

【成语释义】靡靡：柔弱，萎靡。靡靡之音：萎靡颓废、低级趣味的音乐。

【误写提示】靡靡：注意不要写成"糜糜"。

绵里藏针

【成语释义】绵：丝绵。绵里藏针：比喻柔中有刚，或比喻外貌柔和，内心刻毒。

【误写提示】绵：注意不要写成"棉"。

不可名状

【成语释义】名：说出；状：形容、描述。不可名状：无法用语言来形容。

【误写提示】名：注意不要写成"明"。

墨守成规

【成语释义】墨守：墨翟之守，战国时墨子善于守城；成规：现成的规矩、制度。墨守成规：形容因循守旧，不肯改进。

【误写提示】墨：注意不要写成"默"。成：注意不要写成"陈"。

O

呕心沥血

【成语释义】呕：吐；沥：滴。呕心沥血：指费尽心血。

【误写提示】呕：注意不要写成"沤"。

Q

山清水秀

【成语释义】清：干净。山清水秀：形容山水风景优美。

【误写提示】清：注意不要写成"青"。

罄竹难书

【成语释义】罄：用尽；竹：竹子，古人用竹子制成竹简来写字。罄竹难书：把竹子用完了都写不完,形容事实(多指罪恶)很多,难以说完。

【误写提示】罄:注意不要写成"磬"。

委曲求全

【成语释义】委曲求全:曲意迁就,以求事成,多指为保全大局而迁就忍让。

【误写提示】曲:注意不要写成"屈"。

怙恶不悛

【成语释义】悛:悔改。怙恶不悛:坚持作恶,不肯悔改。

【误写提示】悛:注意不要写成"俊"。

R

水乳交融

【成语释义】融:融合。水乳交融:比喻关系融洽或结合紧密。

【误写提示】融:注意不要写成"溶"。

S

礼尚往来

【成语释义】尚:注重。礼尚往来:指礼节上注重有来有往,现也指你对我怎么样,我也对你怎么样。

【误写提示】尚:注意不要写成"上"。

少安毋躁

【成语释义】少:稍微;毋:不要。少安毋躁:耐心等待,不要急躁。

【误写提示】少:注意不要写成"稍";毋:注意不要写成"勿"。

众口铄金

【成语释义】铄:熔化。众口铄金:众口一词足能使金属熔化,原形容社会舆论的力量很大,后形容人多嘴杂,能混淆是非。

【误写提示】铄:注意不要写成"烁"。

第六单元 容易出错的成语

T

纷至沓来

【成语释义】沓：重复。纷至沓来：连续不断地到来，纷纷到来。

【误写提示】沓：注意不要写成"踏"。

暴殄天物

【成语释义】殄：灭绝；天物：自然界的鸟兽草木等。暴殄天物：指任意糟蹋东西。

【误写提示】殄：注意不要写成"珍"。

走投无路

【成语释义】投：投奔。走投无路：比喻找不到解决问题的办法，形容处境极端困难。

【误写提示】投：注意不要写成"头"。

W

好高骛远

【成语释义】骛：纵横奔驰，引申为"追求"。好高骛远：比喻不切实际地追求过高的目标。

【误写提示】骛：注意不要写成"鹜"。

心无旁骛

【成语释义】骛：纵横奔驰，引申为"追求"。心无旁骛：心里没有杂念，比喻专心致志。

【误写提示】骛：注意不要写成"鹜"。

X

别出心裁

【成语释义】心裁：心中的设计筹划。别出心裁：指独创一格，与众不同。

【误写提示】心：容易写错为"新"。

烜赫一时

【成语释义】烜赫：气势很盛。烜赫一时：在一个时期内名声、气势很盛。

【误写提示】烜：注意不要写成"炫"。

Y

湮没无闻

【成语释义】湮没：埋没。湮没无闻：名声、事迹等被埋没而无人知晓。

【误写提示】湮：注意不要写成"淹"。

奄奄一息

【成语释义】奄奄：气息微弱的样子。奄奄一息：只剩下微弱的一口气，形容生命垂危。

【误写提示】奄奄：注意不要写成"掩掩"。

偃旗息鼓

【成语释义】偃：放倒。偃旗息鼓：指放倒旗帜，停止敲鼓，指秘密行军，不暴露目标。现多指停止战斗或停止批评、攻击等。

【误写提示】偃：注意不要写成"掩"。

甘之如饴

【成语释义】饴：麦芽糖。甘之如饴：感到像糖一样甜，形容甘愿承受艰难、痛苦。

【误写提示】饴：注意不要写成"怡"。

贻笑大方

【成语释义】遗与贻：都有"留下"的意思，但使用时有所分工，表示"死人留下"用"遗"，表示一般留下用"贻"；大方：专家，内行人。贻笑大方：指让行家里手笑话。

【误写提示】贻：注意不要写成"遗"。

第六单元　容易出错的成语

倚老卖老

【成语释义】倚：仗恃；倚老：倚仗年纪大。倚老卖老：仗着岁数大，卖弄老资格。

【误写提示】倚：注意不要写成"以"。

苦心孤诣

【成语释义】诣：（学业、技能等）所达到的程度；孤诣：别人所达不到的境地。苦心孤诣：费尽心思钻研或经营，达到别人达不到的境地。

【误写提示】诣：注意不要写成"旨"。

心心相印

【成语释义】印：合，契合。心心相印：原为佛教用语，指不凭借语言，彼此只用心来互相印证。后多形容彼此心意非常投合。

【误写提示】印：注意不要写成"映"。

优哉游哉

【成语释义】优、游：悠闲自得。哉：语气词，表示感叹。优哉游哉：形容悠闲自在。

【误写提示】优：注意不要写成"忧"。

优柔寡断

【成语释义】优柔：犹豫不决。寡：少。断：决断。优柔寡断：做事犹豫，缺乏决断。

【误写提示】优：注意不要写成"忧"。

竭泽而渔

【成语释义】渔：捕鱼。竭泽而渔：排尽湖水捕鱼，比喻一味索取而不留余地，只顾眼前利益，不顾长远利益。

【误写提示】渔：注意不要写成"鱼"。

向隅而泣

【成语释义】隅：墙角。向隅而泣：对着墙角哭泣。指非常

151

孤立或因得不到机会而失望、难过。

【误写提示】隅：注意不要写成"偶"。

鬼蜮伎俩

【成语释义】蜮：传说中在水里害人的怪物；鬼蜮：鬼怪。鬼蜮伎俩：指阴险害人的卑劣手段。

【误写提示】蜮：注意不要写成"域"。

源远流长

【成语释义】源远流长：源头很远，流程很长，也形容历史悠久。

【误写提示】源远：注意不要写成"渊源"。

Z

明火执仗

【成语释义】仗：武器。明火执仗：点燃火把，手拿武器，指公开抢劫或毫不掩饰地干坏事。

【误写提示】仗：注意不要写成"杖"。

饮鸩止渴

【成语释义】鸩：传说中的一种有毒的鸟，用它的羽毛泡的酒能毒死人。饮鸩止渴：喝毒酒解渴，比喻用错误的方法来解决眼前的问题而不顾严重后果。

【误写提示】鸩：注意不要写成"鸠"。

振聋发聩

【成语释义】振、发：都是"唤起"的意思；聋、聩：都是"听不见声音"。振聋发聩：比喻用语言文字唤醒糊涂的人。

【误写提示】振：注意不要写成"震"。

旁征博引

【成语释义】旁：广泛；征：搜集。旁征博引：为了表示论证充足而广泛地引用材料。

【误写提示】征：注意不要写成"证"。

第六单元 容易出错的成语

脍炙人口

【成语释义】脍：切得很细的鱼或肉；炙：烤肉。脍炙人口：比喻优美的诗文或美好的事物得到人们交口称赞。

【误写提示】炙：注意不要写成"灸"。

出奇制胜

【成语释义】制：取得；制胜：取胜。出奇制胜：泛指用对方意想不到的方法来取得胜利。

【误写提示】制：注意不要写成"致"。

鳞次栉比

【成语释义】栉：梳子、篦子等梳头用具。鳞次栉比：像鱼鳞和梳子的齿一样，一个挨着一个地排列着，多用来形容房屋等密集、整齐地排列。

【误写提示】栉：注意不要写成"节"。

自出机杼

【成语释义】机杼：织布机，又用来比喻诗文等的构思和布局。自出机杼：比喻诗文的构思和布局别出心裁，富有新意。

【误写提示】杼：注意不要写成"抒"。

摇摇欲坠

【成语释义】坠：掉下。摇摇欲坠：形容极不稳固，就要掉下来或垮下来。

【误写提示】坠：注意不要写成"堕"。

真知灼见

【成语释义】灼：本义为"火烧"，引申为"明白、透彻"。真知灼见：正确而透彻的见解。

【误写提示】灼：注意不要写成"卓"。

越俎代庖

【成语释义】俎：古代祭祀时盛牛羊等祭品的器具。越俎代庖：

厨子没做饭,掌管祭祀神主的人不能越过自己的职守,放下祭器去代替厨子做饭。一般用来比喻超过自己的职务范围,去处理别人所管的事情。

【误写提示】俎:注意不要写成"阻"。

虚左以待

【成语释义】左:古礼主人居右,宾客居左,因以左为尊。虚左以待:空着左边的尊位等候宾客、贵人。也泛指留出位置恭候他人。

【误写提示】左:注意不要写成"座"。

第二节 学生容易读错的成语

成语被读错,一般有以下三种情况:

(1)学生不认识成语中的某个字,只读半边字或者望字造音,所以读错了。比如,"暴殄天物"的"殄",这个字比较少见,但是"长得"像"珍",所以很多人就把它读作zhēn,实际应该读tiǎn。这种错误,是因为不认识某个字造成的。

(2)成语中含有多音字,在不同的成语当中多音字的读音不同,导致学生把成语读错。比如,"处心积虑"中"处"应读chǔ,而在"绝处逢生"中"处"应读chù;"好大喜功"中"好"应读hào,"好事多磨"中"好"应读hǎo。

第六单元 容易出错的成语

（3）成语中某个字的读音是从古代相承沿用下来的，和现代汉语的读音不同，所以易造成读错的现象，这类成语数量很少。比如，"暴虎冯河"中的"冯"应读píng，不能读成féng。

考一考

给下列成语中加点的字注音。

安步当车（　）　百花争妍（　）　断壁残垣（　）
茅塞顿开（　）　暴露无遗（　）　反躬自省（　）
病入膏肓（　）　戛然而止（　）　功亏一篑（　）
供不应求（　）　长吁短叹（　）　蛊惑人心（　）
差强人意（　）　暴殄天物（　）　归心似箭（　）
自怨自艾（　）　曲高和寡（　）　人才济济（　）
载歌载舞（　）　审时度势（　）　莘莘学子（　）
惴惴不安（　）　博闻强识（　）　咄咄逼人（　）
卑鄙龌龊（　）（　）风流倜傥（　）（　）
步履蹒跚（　）（　）参差不齐（　）（　）
身陷囹圄（　）（　）

参考答案：dàng yán yuán sè lù xǐng huāng jiá kuì gōng xū gǔ chā tiǎn sì yì hè jǐ zài duó shēn zhuì zhì duō wò chuò tì tǎng pán shān cēn cī líng yǔ

下面我们归纳整理了一些容易读错的成语，供同学们学习时参考。

A

安然无恙

【成语释义】恙：疾病，也指灾祸。安然无恙：原指人平安没有疾病，现泛指事物平安、未遭损害。

【读音提示】安：容易读错为àn，正确读音是ān。

按部就班

【成语释义】部：类别；班：次序。按部就班：原指写文章按类别安排文义，按顺序组织文辞，后指按照一定的次序或步骤行事。

【读音提示】按：容易读错为ān，正确读音是àn。

B

各奔前程

【成语释义】奔：投向，奔往；前程：前途。各奔前程：各走各的路，指各人按不同的志向，寻找自己的前途。

【读音提示】奔：容易读错为bēn，正确读音是bèn。

法家拂士

【成语释义】法家：明法度的大臣；拂士：辅弼之士。法家拂士：指忠臣贤士。

【读音提示】拂：容易读错为fú，正确读音是bì。

麻痹大意

【成语释义】麻痹：比喻失去警觉。麻痹大意：指粗心、疏忽，对事物不敏感，失去警惕性。

【读音提示】痹：容易读错为pì，正确读音是bì。

C

参差不齐

【成语释义】参差：长短、高

第六单元 容易出错的成语

低、大小不齐。参差不齐：形容不一致，有差别。

【读音提示】参差：容易读错为cān chā，正确读音是cēn cī。

痴心妄想

【成语释义】痴心：沉迷于某人或某事的心思；妄想：荒诞的打算。痴心妄想：一心想着不可能实现的事，也指愚蠢荒唐的想法。

【读音提示】痴：容易读错为zhī，正确读音是chī。

嗤之以鼻

【成语释义】嗤：讥笑。嗤之以鼻：用鼻子发出讥笑声，表示轻蔑。

【读音提示】嗤：容易读错为chuǎn，正确读音是chī。

处心积虑

【成语释义】处心：存心；积虑：经过长时间的考虑。处心积虑：形容蓄谋已久（多含贬义）。

【读音提示】处：容易读错为chù，正确读音是chǔ。

处之泰然

【成语释义】处：处理，对待；泰然：安然，安定自如的样子。处之泰然：对待发生的紧急情况或困难，安然自得，毫不在乎。

【读音提示】处：容易读错为chù，正确读音是chǔ。

命途多舛

【成语释义】舛：不顺。命途多舛：一生经历坎坷，遭遇不好。

【读音提示】舛：容易读错为jié，正确读音是chuǎn。

创巨痛深

【成语释义】创：创伤；痛：痛苦。创巨痛深：创伤大，痛苦很深。原指哀痛父母之丧，犹如体受重创，后多指遭受很大的伤害和痛苦。

【读音提示】创：容易读错为chuàng，正确读音是chuāng。

157

吹毛求疵

【成语释义】求：寻找；疵：毛病。吹毛求疵：吹开皮上的毛寻毛病，比喻故意挑剔别人的缺点，寻找差错。

【读音提示】疵：容易读错为 pī，正确读音是 cī。

一蹴而就

【成语释义】蹴：踏；就：成功。一蹴而就：踏一步就成功，形容事情轻而易举，一下子就能完成。

【读音提示】蹴：容易读错为 jiù，正确读音是 cù。

D

殚精竭虑

【成语释义】殚：竭尽；虑：思虑。殚精竭虑：形容用尽心思。

【读音提示】殚：容易读错为 chán，正确读音是 dān。

大而无当

【成语释义】当：底。大而无当：虽然大，却无底。原指说话夸大其词，不着边际，后多表示大得不切合实际、不合用。

【读音提示】当：容易读错为 dāng，正确读音是 dàng。

咄咄逼人

【成语释义】咄咄：叹词，表示感叹或惊诧。咄咄逼人：形容气势汹汹，盛气凌人，使人难堪；也形容本领超越前人，令人赞叹。

【读音提示】咄：容易读错为 chū，正确读音是 duō。

E

阿谀逢迎

【成语释义】阿谀：用言语恭维别人；逢迎：迎合别人的心意。阿谀逢迎：说好听的话迎合、讨好别人。

【读音提示】阿：容易读错为 ā，正确读音是 ē。

第六单元　容易出错的成语

F

令人发指

【成语释义】发指：头发竖起来。令人发指：使人头发都竖起来了，形容使人极度愤怒。

【读音提示】发：容易读错为fā，正确读音是fà。

G

供不应求

【成语释义】供：供给，供应；求：需求，需要。供不应求：供应不能满足需求。

【读音提示】供：容易读错为gòng，正确读音是gōng。

觥筹交错

【成语释义】觥：古代的一种酒器；筹：行酒令时所用的筹码。觥筹交错：酒杯和酒筹杂乱地放着，形容许多人聚会喝酒时的热闹场景。

【读音提示】觥：容易读错为hú，正确读音是gōng。

待价而沽

【成语释义】沽：卖。待价而沽：等有好价钱才卖，旧时比喻等待时机出来做官，现多比喻等待有好的待遇、条件才肯答应任职或做事。

【读音提示】沽：容易读错为gǔ，正确读音是gū。

羽扇纶巾

【成语释义】羽扇纶巾：拿着羽毛扇子，戴着丝带做的头巾，形容儒将指挥若定，潇洒从容。

【读音提示】纶：容易读错为lún，正确读音是guān。

H

公诸同好

【成语释义】公：公开；诸：之于；同好：爱好相同的人。公诸同好：把自己所收藏的珍爱的东西拿出来，使有相同爱好的人都能欣赏。

【读音提示】好：容易读错为 hǎo，正确读音是 hào。

好大喜功

【成语释义】好大喜功：指不管条件是否许可，一心想做大事，立大功，多用以形容浮夸的作风。

【读音提示】好：容易读错为 hǎo，正确读音是 hào。

一气呵成

【成语释义】一气呵成：形容文章的气势首尾贯通，也形容完成整个工作的过程中不间断，不松懈。

【读音提示】呵：容易读错为 kē，正确读音是 hē。

涸泽而渔

【成语释义】涸泽而渔：抽干池水捉鱼，比喻只图眼前利益，不做长远打算。

【读音提示】涸：容易读错为 gù，正确读音是 hé。

荷枪实弹

【成语释义】荷：扛。荷枪实弹：扛着枪，子弹上膛，形容全副武装，随时准备投入战斗。

【读音提示】荷：容易读错为 hé，正确读音是 hè。

一唱一和

【成语释义】一唱一和：一个先唱，一个随声应和，原形容两人感情相通，现也比喻互相配合，彼此呼应。

【读音提示】和：容易读错为 hé，正确读音是 hè。

浑浑噩噩

【成语释义】浑浑：深厚的样子；噩噩：严正的样子。浑浑噩噩：形容淳朴天真的样子，也形容糊里糊涂，愚昧无知。

【读音提示】浑：容易读错为 hūn，正确读音是 hún。

第六单元 容易出错的成语

浑水摸鱼

【成语释义】浑水：浑浊不清的水。浑水摸鱼：比喻趁混乱的时候从中捞取利益。

【读音提示】浑：容易读错为hùn，正确读音是hún。

鱼目混珠

【成语释义】混：掺杂，冒充。鱼目混珠：拿鱼眼睛冒充珍珠，比喻用假的东西冒充真的东西。

【读音提示】混：容易读错为hǔn，正确读音是hùn。

J

济济一堂

【成语释义】济济：形容人多。济济一堂：形容很多有才能的人聚集在一起。

【读音提示】济：容易读错为jì，正确读音是jǐ。

间不容发

【成语释义】间：空隙。间不容发：空隙中容不下一根头发，形容事物之间距离极小，也形容与灾祸相距极近或情势危急到极点。

【读音提示】间：容易读错为jiàn，正确读音是jiān。

矫枉过正

【成语释义】矫：矫正；枉：弯曲。矫枉过正：矫正弯曲的东西超过了限度，使其又弯向另一方。比喻纠正事物的偏头、错误过了头，而陷于另一种偏失、错误之中。

【读音提示】矫枉：容易读错为jiāo wǎng，正确读音分别是jiǎo wǎng。

桀骜不驯

【成语释义】桀骜：倔强，不受约束。桀骜不驯：性情倔强不驯顺。

【读音提示】桀骜：容易读错为chuǎn áo，正确读音分别是jié ào。

161

忍俊不禁

【成语释义】忍俊：含笑；不禁：无法控制自己。忍俊不禁：忍不住笑。

【读音提示】禁：容易读错为 jìn，正确读音是 jīn。

规行矩步

【成语释义】规、矩：圆规和角尺，引申为准则；步：用脚走。规行矩步：形容举动合乎规矩，毫不苟且；也指办事死板，不灵活。

【读音提示】矩：容易读错为 jù，正确读音是 jǔ。

K

脍炙人口

【成语释义】脍：切得很细的鱼或肉；炙：烤肉。脍炙人口：比喻优美的诗文或美好的事物得到人们交口称赞。

【读音提示】脍炙：容易读错为 huì jiū，正确读音分别是 kuài zhì。

岿然不动

【成语释义】岿然：高大独立的样子。岿然不动：像高山一样屹立着一动不动，形容高大坚固，不能动摇。

【读音提示】岿：容易读错为 guī，正确读音是 kuī。

振聋发聩

【成语释义】振、发：都是"唤起"的意思；聋、聩：都是"听不见声音"。振聋发聩：比喻用语言文字唤醒糊涂的人。

【读音提示】聩：容易读错为 guì，正确读音是 kuì。

L

风声鹤唳

【成语释义】唳：鹤的叫声，也泛指鸟鸣。风声鹤唳：形容惊慌疑惧，自相惊扰。

【读音提示】唳：容易读错为 fèi，正确读音是 lì。

第六单元 容易出错的成语

等量齐观

【成语释义】等：同等；量：衡量，估量；齐：一齐，同样。等量齐观：将有差别的事物同等看待。

【读音提示】量：容易读错为 liáng，正确读音是 liàng。

度德量力

【成语释义】度：估量；德：德行。度德量力：衡量自己的德行是否能够服人，估计自己的能力是否能够胜任。

【读音提示】量：容易读错为 liáng，正确读音是 liàng。

大义凛然

【成语释义】大义：正义；凛然：令人敬畏的样子。大义凛然：威严不可侵犯的样子，形容为了正义事业坚强不屈。

【读音提示】凛：容易读错为 bǐng，正确读音是 lǐn。

身陷囹圄

【成语释义】身陷囹圄：被关进监狱。

【读音提示】囹、圄：容易读错为 lìng、wú，正确读音分别是 líng、yǔ。

绿林好汉

【成语释义】绿林好汉：聚集山林反抗统治者的武装集团，也指江湖强盗。

【读音提示】绿：容易读错为 lù，正确读音是 lù。

M

扪心自问

【成语释义】扪心自问：摸着胸口问自己，指自我反省。

【读音提示】扪：容易读错为 mēn，正确读音是 mén。

风靡一时

【成语释义】风靡：草木随风倒下，形容事物很流行。风靡一时：形容事物在一段时期里极其盛行。

【读音提示】靡：容易读错为mí，正确读音是mǐ。

望风披靡

【成语释义】披靡：草木随风倒伏。望风披靡：草木一遇到风就倒伏了，比喻军队毫无斗志，老远看到对方的气势很盛，没有交锋就溃散了。

【读音提示】靡：容易读错为mí，正确读音是mǐ。

大模大样

【成语释义】大模大样：形容态度傲慢、满不在乎的样子。

【读音提示】模：容易读错为mú，正确读音是mó。

N

患难与共

【成语释义】患难与共：共同承担危险和困难，形容彼此一心，

利害一致。

【读音提示】难：容易读错为nán，正确读音是nàn。

P

凤冠霞帔

【成语释义】凤冠霞帔：旧时富家女子出嫁时的装束，以示荣耀；也指一定品级官员夫人的礼服。

【读音提示】帔：容易读错为pī，正确读音是pèi。

大腹便便

【成语释义】便便：肥大的样子。大腹便便：形容肚子肥大的样子（含贬义）。

【读音提示】便：容易读错为biàn，正确读音是pián。

暴虎冯河

【成语释义】暴虎：空手搏虎；冯河：徒步过河。暴虎冯河：比喻有勇无谋，冒险蛮干。

第六单元　容易出错的成语

【读音提示】冯：容易读错为féng，正确读音是píng。

Q

呼天抢地

【成语释义】抢地：用头触地。呼天抢地：大声叫天，用头撞地，形容极度悲伤。

【读音提示】抢：容易读错为qiǎng，正确读音是qiāng。

强词夺理

【成语释义】强：勉强；夺：强取。强词夺理：无理强辩，明明没理硬说有理。

【读音提示】强：容易读错为qiáng，正确读音是qiǎng。

锲而不舍

【成语释义】锲：雕刻；舍：停止。锲而不舍：不断地雕刻，形容有恒心，有毅力。

【读音提示】锲：容易读错为qì，正确读音是qiè。

茕茕孑立

【成语释义】茕茕孑立：孤身一人站在那里，形容一个人无依无靠、孤苦伶仃。

【读音提示】茕、孑：容易读错为róng、zǐ，正确读音分别是qióng、jié。

R

坚忍不拔

【成语释义】坚忍不拔：形容信念坚定，意志顽强，不可动摇。

【读音提示】忍：容易读错为rèn，正确读音是rěn。

耳濡目染

【成语释义】濡、染：沾染。耳濡目染：耳朵经常听到，眼睛经常看到，不知不觉地受到影响。

【读音提示】濡：容易读错为xū，正确读音是rú。

相濡以沫

【成语释义】濡：沾湿；沫：唾

沫。相濡以沫：河水干了，鱼用唾沫互相润湿，比喻一同在困难的处境里，用微薄的力量互相帮助。

【读音提示】濡：容易读错为xū，正确读音是rú。

繁文缛节

【成语释义】文：仪式；缛：繁多；节：礼节。繁文缛节：过分烦琐的仪式或礼节，也比喻其他烦琐多余的事项。

【读音提示】缛：容易读错为rǔ，正确读音是rù。

S

歃血为盟

【成语释义】歃血：古代举行盟会时饮牲畜的血或把牲畜的血涂在嘴唇上，表示诚意；盟：宣誓缔约。歃血为盟：泛指发誓订盟。

【读音提示】歃：容易读错为chā，正确读音是shà。

狼奔豕突

【成语释义】豕：猪；突：猛冲。狼奔豕突：像狼那样奔跑，像猪那样冲撞，形容成群的坏人乱冲乱撞，到处骚扰。

【读音提示】豕：容易读错为zhì，正确读音是shǐ。

舐犊情深

【成语释义】舐犊情深：形容对子女关心、疼爱的感情非常深。

【读音提示】舐：容易读错为tiǎn，正确读音是shì。

老牛舐犊

【成语释义】舐：舔；犊：小牛。老牛舐犊：老牛舔小牛，比喻父母疼爱子女。

【读音提示】舐：容易读错为tiǎn，正确读音是shì。

T

一塌糊涂

【成语释义】一塌糊涂：形容混

乱或败坏到了不可收拾的程度。

【读音提示】塌：容易读错为tà，正确读音是tā。

大张挞伐

【成语释义】张：施展；挞伐：讨伐。大张挞伐：使用武力，大举讨伐。也指对人进行攻击、声讨。

【读音提示】挞：容易读错为dá，正确读音是tà。

W

纨绔子弟

【成语释义】纨绔：细绢做的裤子，泛指华贵的衣着。纨绔子弟：衣着华美的年轻人，指成天吃喝玩乐、不务正业的富贵人家子弟。

【读音提示】纨绔：容易读错为wán kuā，正确读音分别是wán kù。

请君入瓮

【成语释义】瓮：一种陶制的盛器。请君入瓮：比喻用某人整治别人的办法来整治他自己，也借指设计好圈套引人上当。

【读音提示】瓮：容易读错为wǎ，正确读音是wèng。

X

屡见不鲜

【成语释义】屡：多次；鲜：新鲜，新奇。屡见不鲜：常常见到，并不新奇。

【读音提示】鲜：容易读错为xiǎn，正确读音是xiān。

寡廉鲜耻

【成语释义】寡、鲜：少。寡廉鲜耻：不廉洁，不知羞耻。

【读音提示】鲜：容易读错为xiǎn，正确读音是xiǎn。

吉人天相

【成语释义】吉人：好人；天相：上天保佑。吉人天相：迷信的人认为好人会得到上天的保佑，现多用作对别人患病或遇到困难、不幸时的安慰话。

【读音提示】相：容易读错为xiāng，正确读音是xiàng。

惟妙惟肖

【成语释义】惟妙惟肖：形容描写或模仿得非常逼真。

【读音提示】肖：容易读错为xiāo，正确读音是xiào。

不屑一顾

【成语释义】不屑：认为不值得，不愿意；顾：看。不屑一顾：认为不值得一看，形容极端轻视。

【读音提示】屑：容易读错为xiāo，正确读音是xiè。

Y

睚眦必报

【成语释义】睚眦：发怒时瞪眼睛，借指极小的仇恨。睚眦必报：像瞪一下眼睛那样极小的怨恨也要报复，形容心胸极狭窄。

【读音提示】睚眦：容易读错为yá cǐ，正确读音分别是yá zì。

揠苗助长

【成语释义】揠：拔。揠苗助长：把苗拔起，以助其生长，比喻违背事物发展的客观规律，急于求成，反而把事情弄糟。

【读音提示】揠：容易读错为yǎn，正确读音是yà。

自怨自艾

【成语释义】怨：悔恨；艾：治理，指改正。自怨自艾：原意是悔恨自己的错误，自己改正，现在只指悔恨自己的错误。

【读音提示】艾：容易读错为ài，正确读音是yì。

苦心孤诣

【成语释义】诣：（学业、技能等）达到的程度或境界；孤诣：独自达到。苦心孤诣：尽心竭力钻研，达到了别人所达不到的地步。或为了达到目的而费尽心思。

【读音提示】诣：容易读错为zhǐ，正确读音是yì。

封妻荫子

【成语释义】封妻荫子：君主时代功臣的妻子得到封号，子孙世袭官职。

【读音提示】荫：容易读错为yīn，正确读音是yìn。

良莠不齐

【成语释义】莠：狗尾草，比喻品质坏的人。良莠不齐：形容好人坏人都有，混杂在一起。

【读音提示】莠：容易读错为xiù，正确读音是yǒu。

Z

教学相长

【成语释义】教学相长：教和学两方面互相影响和促进，后多指老师和学生之间互相促进，都得到提高。

【读音提示】长：容易读错为cháng，正确读音是zhǎng。

乌烟瘴气

【成语释义】乌烟：黑烟；瘴气：热带或亚热带山林中的湿热空气，旧时认为是瘴疠的病原。乌烟瘴气：形容环境嘈杂、秩序混乱或社会黑暗。

【读音提示】瘴：容易读错为zhāng，正确读音是zhàng。

刀耕火种

【成语释义】刀耕火种：一种原始的耕种方法，把地上的草木烧成灰做肥料，就地挖坑下种。

【读音提示】种：容易读错为zhǒng，正确读音是zhòng。

积重难返

【成语释义】重：程度深；返：回。积重难返：长期形成的不良的风俗、习惯不易改变，也指长期积累的问题不易解决。

【读音提示】重：容易读错为chóng，正确读音是zhòng。

冠盖相属

【成语释义】冠盖：古代官吏的帽子和车篷，代指官吏；属：连接。冠盖相属：形容政府的使节或官员一路上往来不绝。

【读音提示】属：容易读错为shǔ，正确读音是zhǔ。

惴惴不安

【成语释义】惴：忧愁，恐惧。惴惴不安：形容因害怕或担心而不安。

【读音提示】惴：容易读错为chuǎi，正确读音是zhuì。

第三节 学生容易用错的成语

成语作为传统文化的重要组成部分，许多都是从古代相承而沿用下来的，在用词方面往往不同于现代汉语，它代表了一个故事或者典故。在漫长的演变过程中，人们难免望文生义，若不明典故，随意使用成语，会闹出笑话。

（1）望文生义。成语的意义不仅是字面含义，还包含引申义或比喻意义。如果不了解成语的内在含义，就按成语的字面意思去理解，并且运用于说话或文章，就容易出现望文生义的错误。比如，很多人以为"明日黄花"是指未来的事物，或错认为过时的事物应该用"昨日黄花"，但其实并没有"昨日黄花"这个成语。"明日黄花"出自苏轼的词

第六单元 容易出错的成语

"明日黄花蝶也愁","黄花"指菊花,"明日黄花"指重阳节后菊花开败,没什么好玩赏的了,后来用于比喻失去新闻价值的报道或过时的事物。

(2)对象错位。成语有固定的使用范围,如果不顾成语的使用对象和使用范围而乱用,很容易造成"牛头不对马嘴"的后果。比如,"豆蔻年华"指女子十三四岁的年纪(豆蔻:一种草本植物,常用以比喻少女)。这个成语不能用于成年女子,更不能用于男孩。正确的示例应该是:"一群女中学生从我身边走过,她们正值豆蔻年华,浑身洋溢着青春的朝气。"下面的例子即为错用:"近年来,一些正值豆蔻年华的大学生沉迷在网吧里,从而荒废了学业,浪费了青春,真让人痛惜不已。"

(3)不能明辨成语的褒贬色彩。比如,"炙手可热"比喻权势大,气焰盛(多指权贵气势盛),使人不敢接近。例如:"在李明炙手可热的时候,对于一些问题,大家都不敢开口。"炙手可热是一个贬义词,但常常被人们误用为某样事物很红或很抢手,非常流行,受追捧。

(4)不合语境。成语的使用要注意合乎语法,合乎语境,与句中语境和谐,不能不合惯用句式,要合情合理。比如,"侃侃而谈"形容说话理直气壮或从容不迫。例如:"他平日一向沉默寡言,想不到在辩论会上竟侃侃而谈,令人大吃一惊。""侃侃而谈"容易和"娓娓而谈"(形容连续不倦地谈论)混淆。

(5)谦敬错位。有些成语带有谦虚意味,只能用于自己；有些成语带有敬重意味，只能用于他人。如果不明白成语的谦敬色彩，运用中就会产生错误。比如，"千虑一得"多用来表示自谦，不能用在别人身上。

考一考

1.下列句子中加点的成语运用正确的一项是（　　）

A.小明在这次学校运动会上，待人接物首当其冲，深得同学们的好评。

B.我的妈妈整日忙个不停，连吃饭的时间也要处理工作上的事情，真是日理万机啊！

C.辩论会上，王芳面对对方辩友略带挑别的提问，胸有成竹，对答如流。

D.庆祝"六一"儿童节的会场，张灯结彩，五光十色，好一派姹紫嫣红的景象。

2.符合题意的一组成语是（　　）

啄木鸟要想吃到虫子，就应该飞到大树上去，而它却飞到刚刚架好的电线杆上，其结果是永远吃不到虫子，这正是_____，_____。

A.粗心大意　见异思迁

B.南辕北辙　缘木求鱼

C.碌碌无为　痴心妄想

D.麻痹大意　徒劳无益

3.解释下面句中加点的词语，并写出一个和它意思相近的成

第六单元 容易出错的成语

语。

（1）中国许多的传统工艺真是鬼斧神工，难以想象的精巧。

成语释义：_____

近义成语：_____

（2）他依仗官高权大，目中无人，无所不为。

成语释义：_____

近义成语：_____

参考答案：1.C　2.B　3.（1）形容建筑、雕塑等技艺的精巧。巧夺天工　（2）没有不干的事，多指什么坏事都做。无恶不作

下面是常见的特别容易用错的成语，看看你都能用对吗？

A

安土重迁

【成语释义】安土重迁：不愿随便迁往别处。

【正确例句】中国人往往给人留下怀恋故土、安土重迁的印象。

【误用辨析】容易理解成与成语本义相反的意思，以为是看重搬迁之意。

安之若素

【成语释义】安：安然，坦然；之：代词，指人或物；素：平常。安之若素：（遇到不顺利情况或反常现象）像平常一样对待，毫不在意。

【正确示例】虽然高考名落孙山,但他却安之若素。
【误用辨析】不能用于表示一般情况下的"心里安稳"。

B

不刊之论

【成语释义】刊:古代指消除刻错的字;不刊:不可更改。不刊之论:不能修改或不可磨灭的言论,形容言论确当,无懈可击。
【正确例句】这些经典著作内容深刻,都是不刊之论,应该好好阅读。
【误用辨析】常被误认为是"不能刊登的言论"。

不忍卒读

【成语释义】卒:尽、完。不忍卒读:不忍心读完,多形容文章悲惨动人。
【正确例句】这篇悼念张公的文章,情真意切,不忍卒读。
【误用辨析】常被误用为形容文章写得不好。

不胜其烦

【成语释义】胜:能够承受;烦:烦琐。不胜其烦:烦琐得使人受不了。
【正确例句】许多反动宣传影片,光是列举名目就不胜其烦。
【误用辨析】常被误用为"不厌其烦"。

不学无术

【成语释义】不学无术:没有学问,没有才能。不能在其前加上"整天""整月"等修饰词语。
【正确例句】看他一表人才,举止斯文,其实不学无术,虚有其表。
【误用辨析】常被误用来说别人不学习,游手好闲。

不以为然

【成语释义】然:正确。不以为然:不认为是正确的。

第六单元 容易出错的成语

【正确例句】制台一听他说洋人不是，口虽不言，心下却老大不以为然。

【误用辨析】常被误用为"不以为意"，表示"不放在心上"，"无所谓"。

不赞一词

【成语释义】不赞一词：原指文章写得很好，别人不能再添一句话；现也指一言不发。

【正确例句】我大抵任他自言自语，不赞一词，他独自发完议论，也就算了。

【误用辨析】易误解为"不说一句赞成的话"。

不知所云

【成语释义】云：说。不知所云：不知道说的是什么，语言混乱或空洞，令人摸不着头脑。

【正确例句】他说话总是吞吞吐吐，真是不知所云。

【误用辨析】易误解为听者没有理解。

不足为训

【成语释义】足：够得上；训：法则，典范。不足为训：不能当作典范或法则。

【正确例句】过于夸大的道义规范会导致空虚迂腐行为的产生，这些不足为训。

【误用辨析】常被误用为"不足以成为教训"。

C

侧目而视

【成语释义】侧：斜着。侧目而视：斜着眼睛看人，形容畏惧而又愤恨。

【正确例句】来往的人对这个劣迹斑斑的小青年都是侧目而视。

【误用辨析】易被误解为表示尊敬。

差强人意

【成语释义】差：程度副词，稍微。差强人意：大体上使人满意。

【正确例句】那几幅画都不怎么样,只有这一幅梅花图还差强人意。

【误用辨析】经常被误用为"不能使人满意"。

长此以往

【成语释义】长此以往:长期这样下去(多就不好的情况而言)。

【正确例句】这样近距离地看书,长此以往,非成近视眼不可。

【误用辨析】易被误用于某种良好习惯的养成。

充耳不闻

【成语释义】充耳不闻:塞住耳朵不听,形容不愿听取别人的意见。

【正确例句】她只装作充耳不闻,照样我行我素。

【误用辨析】易被误用为形容人专心,没有听到。

处心积虑

【成语释义】处心积虑:千方百计盘算,贬义词。

【正确例句】这些人处心积虑地制造假药,就是为了赚黑心钱。

【误用辨析】常被误解为"殚精竭虑"(用尽精力,费尽心思)。

蹉跎岁月

【成语释义】蹉跎:时光白白过去。蹉跎岁月:虚度光阴。

【正确例句】这么些年我一事无成,不过是蹉跎岁月。

【误用辨析】常被误用于形容生活艰难、艰苦。

D

大快人心

【成语释义】快:痛快。大快人心:坏人受到惩罚或打击,使大家非常痛快。

【正确例句】犯罪分子终于被绳之以法,真是大快人心!

【误用辨析】不能用于"一般的好事"。

登堂入室

【成语释义】登堂入室：比喻学问、技能由浅入深，循序渐进，达到更高水平。也作"升堂入室"。

【正确例句】努力钻研，终会有登堂入室的一天。

【误用辨析】常被误用为"进入屋子"。

鼎力相助

【成语释义】鼎力相助：敬辞，大力相助，用于别人对自己的帮助。

【正确例句】感谢各位鼎力相助，我们的公司终于开张了！

【误用辨析】常被误用为表示自己对他人有帮助，如："我一定会鼎力相助"。

对簿公堂

【成语释义】簿：记录审问材料或供状的文书；对簿：旧时犯人受审时主审官员根据诉状核对事实；公堂：旧指官吏审理案件的地方。对簿公堂：在官府公堂上受审问，后来指在法庭上对质或上法庭打官司。

【正确例句】如果有一天因为此事对簿公堂，你知道你该怎么说了？

【误用辨析】易被误解为双方打官司。

E

耳提面命

【成语释义】耳提面命：褒义词，不仅当面告诉他，而且贴近耳朵提醒、叮嘱，形容长辈恳切地教导。

【正确例句】学习关键要靠自己努力，如果不上进，即使别人耳提面命也无济于事。

【误用辨析】常被误用为贬义词，误解为"在耳边训斥、命令"。

新编 学生实用错别字修改大全

G

改弦更张

【成语释义】改弦:改换琴弦;更张:重新上好琴弦。改弦更张:重新改换琴弦,使声音和谐,比喻改革制度或变更计划、方法。

【正确例句】为了让公司的业绩有质的变化,经理决定将旧制度彻底改弦更张。

【误用辨析】易和"改弦易辙"(比喻改变方向或做法)混用。

瓜田李下

【成语释义】瓜田李下:泛指容易引起嫌疑的地方。

【正确例句】为人要正派,莫做瓜田李下,惹人怀疑之事。

【误用辨析】易被误用为形容田园生活。

鬼斧神工

【成语释义】鬼斧神工:形容建筑、雕塑等技艺的精巧。

【正确例句】中国许多的传统技艺真是鬼斧神工,难以想象的精巧。

【误用辨析】常被误用为形容自然景观。相类似的还有"巧夺天工"。

J

间不容发

【成语释义】间:空隙。间不容发:空隙中容不下一根头发,形容事物之间距离极小,也形容与灾祸相距极近或情势危急到极点。

【正确例句】兵临城下,形势间不容发,我们必须迅速做出决断。

【误用辨析】易被误解为形容距离小。

久假不归

【成语释义】假:借。久假不归:长期借去,不归还。

【正确例句】图书馆对于久假不

第六单元 容易出错的成语

归者,给予严肃处理。

【误用辨析】易被误解为"长期请假而不回来"。

K

侃侃而谈

【成语释义】侃侃而谈:形容说话理直气壮或从容不迫。

【正确例句】他平日一向沉默寡言,想不到在辩论会上竟侃侃而谈,令人大吃一惊。

【误用辨析】易和"娓娓而谈"(形容谈论不倦)混淆。

M

明日黄花

【成语释义】黄花:菊花。明日黄花:原指重阳节过后逐渐萎谢的菊花,后多比喻过时的事物或消息。

【正确例句】如果外界信息来源只有报纸、收音机,当信息断断续续地传到人们耳朵里时,早已是明日黄花了。

【误用辨析】常被误写作"昨日黄花"。

名噪一时

【成语释义】名噪一时:在一段时期内名声很响,广为人知。

【正确例句】别看他现在名声小了,当年他可是名噪一时的人物。

【误用辨析】常被误用为贬义词。

目无全牛

【成语释义】目无全牛:眼中没有完整的牛,只有牛的筋骨结构,形容技艺已达到十分纯熟的地步。

【正确例句】对待工作要精益求精,达到得心应手、目无全牛的程度才是精英。

【误用辨析】常被误用为"没有全局观念"。

P

拍手称快

【成语释义】快:痛快。拍手称

快：拍着手喊痛快，多指仇恨得到消除。

【正确例句】为害乡里的地痞流氓被揪了出来，人们无不拍手称快。

【误用辨析】不能直接用于那些欢快的场面。

Q

期期艾艾

【成语释义】期期艾艾：形容口吃的人言辞重复，说话不流利。

【正确例句】他只要一着急，说话就期期艾艾的，半天也说不出一整句话来。

【误用辨析】易被误解为"吞吞吐吐"。

巧夺天工

【成语释义】夺：胜过。巧夺天工：人工的精巧胜过天然，形容技艺精妙高超。

【正确例句】这个公园里的假山，结构新奇巧妙，真可以说是巧夺天工。

【误用辨析】不能用于自然本身。

穷形尽相

【成语释义】穷形尽相：原指描写刻画十分细致生动，现也用来表示丑态毕露。

【正确例句】鲁迅对阿Q的描写可谓穷形尽相，这得力于他高超的写作技巧。

【误用辨析】常被误解为"原形毕露"之义。

求全责备

【成语释义】求、责：要求；全、备：完备，完美。求全责备：对人对事要求十全十美，毫无缺点。

【正确例句】于已成之局那么委曲求全，于初兴之事就这么求全责备？

【误用辨析】常被误用为"委曲求全"。

R

如坐春风

【成语释义】如坐春风：形容受到良师的教诲、熏陶。

【正确例句】先生说话时亲切而又从容，使听的人心情舒畅，真有"如坐春风"的感觉。

【误用辨析】常被误用为享受春天的美景。

S

三人成虎

【成语释义】三人成虎：比喻谣言或讹传经多人重复述说，就能使听者信以为真。

【正确例句】这真是三人成虎啊，明明是不可能的事，如此一传，竟成真的了。

【误用辨析】常被误认为人多力量大。

身无长物

【成语释义】身无长物：身边没有多余的东西，形容贫困或俭朴。

【正确例句】逃难至此，他已是身无长物，十分落魄。

【误用辨析】常被误用来形容没有特长。

师心自用

【成语释义】师心自用：形容固执己见，自以为是。

【正确例句】任何方案的敲定，主事者都不宜先入为主，师心自用，要听取大多数人的意见。

【误用辨析】易被误用为"善于学习借鉴，为我所用"。

石破天惊

【成语释义】石破天惊：原形容箜篌的声音忽而高亢，忽而低沉，使人震惊，有难以形容的奇境，后多用来形容事情或文章议论新奇惊人。

【正确例句】这篇文章意义不大，作者所提并非什么石破天惊之见。

【误用辨析】常被误与"排山倒海"等连用，指自然力量之大。

始作俑者

【成语释义】俑：古代殉葬用的木制或陶制的俑人。始作俑者：孔子反对用俑殉葬，他说，开始用俑殉葬的人，大概没有后嗣吧！后泛指恶劣风气的创始者。

【正确例句】事到如今，再去追究谁是始作俑者，已经没有多大意义了。

【误用辨析】常被误用为褒义词，指某种新制度的开创者。

首当其冲

【成语释义】首当其冲：最先受到攻击或遭遇灾难。

【正确例句】平原的游击根据地将首当其冲。

【误用辨析】常被误用为"首先应当做某事"。

首鼠两端

【成语释义】首鼠两端：形容迟疑不决或动摇不定。

【正确例句】你在做决定的时候总是这样犹豫不决、首鼠两端的。

【误用辨析】易被误解为"行为前后不一致"。

W

万人空巷

【成语释义】万人空巷：家家户户的人都从巷子里出来（观看或参加某些大的活动等），多用来形容庆祝、欢迎等盛况。

【正确例句】喜讯传来，首都万人空巷，人们兴高采烈走上街头，在广场庆祝游行。

【误用辨析】常被误用作街巷空空无人之意。

望尘莫及

【成语释义】莫：不能；及：赶上。望尘莫及：望见前面骑马的人走过扬起的尘土而不能赶上，形容远远落在后面。

第六单元 容易出错的成语

【正确例句】他的成绩超过我们许多,我们真是望尘莫及。

【误用辨析】易和"鞭长莫及"(指力量达不到)混用。

望其项背

【成语释义】望其项背:能够望见别人的颈的后部和背脊,表示赶得上或比得上。多用于否定式。

【正确例句】面对五四时期的伟大作家,现在的很多所谓的作家,实难望其项背。

【误用辨析】常被误认为是"赶不上"。

危言危行

【成语释义】危:正直。危言危行:讲正直的话,做正直的事。

【正确例句】《论语·宪问》:"邦有道,危言危行;邦无道,危行言孙。"

【误用辨析】常被误认为是"害怕发表言论,不敢说话"或"危险的言论和行为"。

文不加点

【成语释义】点:涂上一点,表示删去。文不加点:文章一气写成,无须修改,形容文思敏捷,写作技巧纯熟。

【正确例句】他才思敏捷,看到约稿邀请,一挥而就,文不加点。

【误用辨析】常被误用来形容写文章粗心大意,不加标点。

无所不为

【成语释义】无所不为:没有不干的事,指什么坏事都做。

【正确例句】他依仗位尊权重,目中无人,无所不为。

【误用辨析】常被误指为能力强,没有什么不能做的。

X

下里巴人

【成语释义】下里巴人:原指战国时期楚国民间流行的一种歌曲,后来泛指通俗的普及的文学艺术（常跟"阳春白雪"对举）。

【正确例句】在音乐会上，她为了从俗，也唱了一首流行歌曲，虽是下里巴人，但仍韵味十足。

【误用辨析】易被误解为"社会地位低下的人"。

相敬如宾

【成语释义】相敬如宾：特指夫妻相敬相爱，与"举案齐眉"含义类似。

【正确例句】父母一生相敬如宾，是夫妻的典范。

【误用辨析】常被误用在母女、婆媳等其他家庭关系之间。

胸无城府

【成语释义】城府：城市和官府，比喻待人处事的心机。胸无城府：形容待人接物坦率真诚，没有心机。

【正确例句】他是个胸无城府的人，很是单纯坦率。

【误用辨析】常被误用来形容"头脑简单"，贬义词。

休戚相关

【成语释义】休：欢乐，吉庆；戚：悲哀，忧愁。休戚相关：忧喜、福祸彼此相关联，形容关系密切，利害相关。

【正确例句】商业将整个人类联系成互相依赖、休戚相关的同胞兄弟。

【误用辨析】不能用于人物以外的其他事物。

Z

炙手可热

【成语释义】炙手可热：比喻权势大，气焰盛（多指权贵气势盛），使人不敢接近。

【正确例句】在李明炙手可热的时候，对于一些问题，大家都不敢开口。

【误用辨析】现常被误用为指某样事物很红或很抢手，非常流行受追捧。

第六单元　容易出错的成语

卓尔不群

【成语释义】卓尔：突出的样子；不群：与众不同。卓尔不群：才德超出寻常，与众不同。

【正确例句】他在这场战争中表现得英勇无畏，卓尔不群，获得了所有人的敬佩。

【误用辨析】易被误用为形容人的性格。

走马观花

【成语释义】走马观花：比喻粗略地观察事物，强调过程。

【正确例句】展会上人山人海，大家都是走马观花，略看一遍。

【误用辨析】易与"浮光掠影"相混。

罪不容诛

【成语释义】罪不容诛：罪大恶极，处死都不能抵偿。

【正确例句】此人犯罪手段十分残忍，情节非常恶劣，社会危害极大，罪不容诛。

【误用辨析】常被误解为"罪行还没有达到被杀的程度"。

第四节　学生易错易混成语辨析

我们在学习和使用成语时会发现，有些成语与其他成语由于读音、字形相近或具有某些共同的语素，在使用上极可能混淆。

（1）形相近而义相远。这类成语非常相似，有的甚至只有一字之差，但意义相差很大，所以要注意不同语素之间的差别。这类成语迷惑性很大，最容易造成混淆。比如，"一蹴而就"和"一挥而就"，前者形容事情轻而易举，一下子就能完成，而后者形容才思敏捷。一字之差，意思却毫不相干。

（2）形相近而义相似。辨析它们时，应分析它们之间的细微差别，主要从使用范围、使用对象、语意轻重、感情色彩、语意侧重点等方面去辨析。这类成语相比第一种，要难区分一些。比如，"良莠不齐"与"参差不齐"都有不整齐的意思，但"良莠不齐"是指好人坏人都有，混在一起难以区分，"参差不齐"是指长短、高低、大小不一，形容不一致，有差别。

考一考

1.下列各句中，加点的成语使用正确的一项是（　　）

A.同学们，我们应该趁着这豆蔻年华，好好学习，迎接高考。

B.爷爷退休后，在家里养养花，遛遛狗，下下棋，真是自鸣得意。

C.他是当今少数几位声名卓著的电视剧编剧之一，这不光是因为他善于编故事，更重要的是他写的剧本声情并茂，情节曲折。

D.读完小明的文章，我有一种身临其境的感觉。

2.下列各句中，加点的成语使用不恰当的一项是（　　）

A.这名运动员看上去一副弱不胜衣的样子，实际上，他身体健康，骨骼强健，耐力和速度非一般人可比。

B.在座的各位都是本领域的顶尖专家，我们请大家来，就是想听听各位的高谈阔论。

C.我们在积极应对自然灾害的同时，要强化人们预防灾害的意识，做到防患未然。

D.利用废物，既可变废为宝，又可减少环境污染，是一举两

第六单元 容易出错的成语

得的好事。

3.下列句子中,加点的成语使用恰当的一项是( )

A.司机张师傅冒着生命危险解救乘客的事迹,一经新闻媒体报道,就被传得满城风雨,感动了无数市民。

B.有些人取得一点成绩便自命不凡,谦虚谨慎,尾巴都翘到天上去了,这样的人终究不会有大的作为。

C.这些"环保老人"利用晨练的机会,将游客丢弃在景点的垃圾信手拈来,集中带到山下,分类处理。

D.校长的一番话入木三分,让我们深受教育。

4.下列各句中,加点的成语使用不恰当的一句是( )

A.中国国家馆在东方的晨曦里,在美轮美奂的世博园建筑群中,发出耀眼的中国红。

B.大力倡导低碳绿色的生活方式,开发高效低耗无污染的新能源,政府责无旁贷。

C.在飞驰的高速列车上,人们津津乐道地谈论着乘坐高铁出行带来的快捷与方便。

D.万涓聚作河,便有了一泻千里的豪放;江河汇成海,便有了一望无际的壮阔磅礴。

参考答案:1.D 2.B 3.D 4.C

下面列举了一些常见的易错易混成语,并对其进行了具体辨析,供大家在学习中理解与积累。

A

爱财如命　一毛不拔

【同】都形容极其吝啬。
【异】前者偏重于性格上的吝啬，语义重；后者偏重于行为上的自私吝啬，语义轻。

爱憎分明　泾渭分明

【同】都有界限清楚之意。
【异】前者指思想感情上的爱与恨界限十分清楚，后者多指人或事的好坏显然不同。

安分守己　循规蹈矩

【同】都有规矩、老实之意。
【异】前者侧重于规矩、老实，守本分；后者侧重于墨守成规，不敢变动。

安之若素　随遇而安

【同】都有对环境遭遇不在意之意。
【异】前者多指面对不顺利的境况，仍能像平常一样；后者强调在任何环境中都安然自得，感到满足，也有安于现状，得过且过之意。

暗箭伤人　含沙射影

【同】都比喻暗中诽谤、攻击或陷害别人。
【异】使用的手段有差别，前者指暗地里用某种手段伤害别人，程度比后者重；后者的手段多是语言，并有影射某人或某事之意。

按部就班　循序渐进

【同】都有按一定的顺序、步骤进行之意。
【异】前者侧重于按一定的条理，遵循一定的程序；后者指学习、工作按照一定的步骤逐渐深入或提高。

B

半途而废　浅尝辄止

【同】都有没有完成之意。

第六单元 容易出错的成语

【异】前者侧重在中途停止,有惋惜之意;后者侧重指做事不求深入,不下功夫。

本末倒置　舍本逐末

【同】都有主次关系处理不当之意。

【异】前者强调把主次关系颠倒了;后者侧重丢掉主要的,追求次要的。

鞭长莫及　望尘莫及

【同】都有表示达不到、不及的意思。

【异】前者比喻力量达不到,后者指赶不上。

别具一格　别开生面

【同】都有与众不同,给人一种新的印象、新的感觉之意。

【异】前者重在强调"格",表示风格、样子与众不同,一般用于文艺创作和某些事物;后者偏重在强调"生面"上,表示新的局面或形势,适用范围较广。

彬彬有礼　温文尔雅

【同】都可形容人态度温和,举止斯文。

【异】前者侧重对人有礼貌,后者可以形容人的举止、气质等。

病入膏肓　不可救药

【同】都表示情况严重,无法挽回。

【异】前者重在"病",形容病情严重到了不可挽救的地步;后者多比喻人或事情已经坏到了无法挽救的地步。

不胫而走　不翼而飞

【同】都比喻"不经宣传,就很快传播"。

【异】前者指没有腿却能跑,形容事物不等推行就迅速传播;后者指没有翅膀却能飞,比喻东西突然不见了,或形容言论、消息流传得极快。

捕风捉影　无中生有

【同】都有凭空捏造之意。

【异】前者重在没有事实根据；后者重在本来没有，语气较重。

不堪设想　不可思议

【同】都有不能想象之意。
【异】前者适用于严重的、不良的后果；后者一般适用于奇妙的、深奥的、不可理解的事情或道理。

不刊之论　不易之论

【同】都有不能改变之意。
【异】前者强调不可磨灭，不可更改；后者重在论断正确，不可改变。

不求甚解　囫囵吞枣

【同】都有掌握知识不透彻，或对情况不够了解之意。
【异】前者表示只想懂个大概，不求彻底了解，重在态度上，是中性词；后者多指在学术上食而不化，不加分析、不加思考地笼统接受，重在方法上，是贬义词。

不识好歹　不识抬举

【同】都表示不珍视别人对自己的好意。
【异】前者为不懂得好坏，不明事理；后者表示认识不到别人的称赞或提携，多用于指责别人不珍视自己的好意。

不闻不问　漠不关心

【同】都有冷漠、不关心之意。
【异】前者重在行动，后者重在态度。

C

惨绝人寰　惨无人道

【同】都有狠毒残暴之意。
【异】前者语义重，强调人世间从没有见过的惨痛，不能用来形容人；后者强调无人性，不讲理，常用来形容人。

参差不齐　良莠不齐

【同】都有不整齐的意思。
【异】指人时，前者侧重指水

第六单元 容易出错的成语

平，后者指好人、坏人本质有区别；指物时，前者指高低、长短、大小不一，后者指好事坏事混在一起。

畅所欲言　各抒己见　推心置腹

【同】都表示说出自己心里想说的话。
【异】"畅所欲言"重在说话人的心情；"各抒己见"重在发表己见；"推心置腹"重在待人真诚，且所涉及的对象一般是个人或较少的人。

陈词滥调　老生常谈

【同】都指听惯了、听厌了的话。
【异】前者指谈的内容既陈旧又空泛，后者指很平常的老话。

乘人之危　落井下石

【同】都指趁人危难之时去侵害别人。
【异】前者重在别人遭遇苦难时用要挟、引诱等手段去害别人；后者指见人落入陷阱，不但不搭救，相反却向陷阱里扔石头。从程度上说，"乘人之危"的危害行为小一些。

出神入化　炉火纯青

【同】都指达到的境界很高。
【异】前者只能形容技艺高超，达到了绝妙的境界；后者还可以用于学术、修养等方面。

出尔反尔　反复无常

【同】都表示经常变卦。
【异】前者偏重语言上的前后矛盾，后者侧重表现上的变化无常。

穿凿附会　牵强附会

【同】都指生拉硬扯。
【异】前者指硬把讲不通的道理牵强解释，后者是把不相关的事硬拉在一起。

唇齿相依　唇亡齿寒

【同】都比喻双方关系密切，互相依存。
【异】前者强调互相依存；后者

强调利害与共，一方遭难，另一方也跟着遭难。

D

大吹大擂　自吹自擂

【同】都有吹嘘之意。
【异】前者吹嘘的可以是别人，后者则只能是自己。

大发雷霆　怒不可遏

【同】都表示十分愤怒。
【异】前者侧重发怒时高声斥责，后者强调愤怒难以抑制。

大公无私　铁面无私

【同】都表示没有私心。
【异】前者指一心为公；后者指不畏权势，不讲情面。

大庭广众　众目睽睽

【同】都表示有许多人的场合。
【异】前者指聚集了很多人的公共场合，后者指很多人注目的场合。

得寸进尺　得陇望蜀

【同】都形容贪得无厌，不知满足。
【异】前者强调逐步紧逼，越要越多；后者强调得到了这个，还想要那个。

低三下四　低声下气

【同】都形容卑躬、无骨气。
【异】前者重在卑躬下贱，后者重在恭顺小心。

掉以轻心　漠不关心

【同】都有不够用心的意思。
【异】前者指用轻率的态度对待某事；后者形容对人或事冷淡，不关心。

顶礼膜拜　五体投地

【同】都表示崇拜之意。
【异】前者偏重崇拜，后者偏重敬佩。

第六单元 容易出错的成语

独断专行 专横跋扈 一意孤行

【同】都有不考虑别人的意见，办事主观蛮干之意。

【异】"独断专行"有蛮横、霸道之意，语义较重，一般只用于掌权者；"专横跋扈"和"一意孤行"多形容缺乏民主的作风，语义较轻，而且不限于当权者，一般人也可用，范围较广。

咄咄逼人 盛气凌人

【同】都形容气势汹汹，使人难堪。

【异】前者的应用范围广，不只用于人，还可用于气势、形势、命令等；后者只用于人，并含有傲慢自大的意思。

E

阿谀逢迎 趋炎附势

【同】都有巴结奉承之意。

【异】前者多指用好听的话讨好人，后者比喻奉承、依附有权势的人。

耳濡目染 潜移默化

【同】都有受到影响、不知不觉发生变化之意。

【异】前者指经常耳听目视而受到影响；后者指人的思想、性格受环境或他人的感染、影响，在不知不觉中起了变化。

F

匪夷所思 不可思议

【同】都有超出寻常，无法想象的意思。

【异】前者指言谈行动超出常情，不是根据常理所能想象的；后者指不可能想象，不可能用言语表达。

风言风语 流言蜚语

【同】都表示没有根据的话。

【异】前者多指无意传播，传播者多出于无知、怀疑和猜测；后者多指有意传播，传播者往往出于险恶用心。

锋芒毕露　崭露头角

【同】都有才能显露出来之意。
【异】毕，指全部；崭，高出，比喻突出的才能。前者还可比喻骄傲自负，后者不能。

G

改邪归正　弃暗投明

【同】都指从坏的方面转到好的方面来。
【异】前者侧重不再做坏事；后者侧重在政治上脱离反动势力，投向进步势力。

苟且偷安　得过且过

【同】都形容只图眼前，不顾将来。
【异】前者偏重贪图眼前安逸，后者偏重胸无大志。

故步自封　墨守成规

【同】都有因循守旧、不求进步或革新之意。
【异】前者偏重不求进取；后者偏重因循守旧，不肯改进。

光明磊落　光明正大

【同】都含有内心光明之意，都能用于人及其言行。
【异】前者侧重在人的精神品质；后者偏重行为正当、正派，胸怀坦荡。

H

含糊其辞　闪烁其词

【同】都有说话不清楚、不明确之意。
【异】前者重在说得含混不清，后者重在说话遮遮掩掩、躲躲闪闪。

厚颜无耻　恬不知耻

【同】都形容不知羞耻。
【异】前者重在脸皮厚，后者重在做了坏事仍满不在乎。

第六单元 容易出错的成语

花天酒地　醉生梦死

【同】都形容腐朽糜烂的享乐生活。
【异】前者偏重于迷恋酒色，后者偏重于浑浑噩噩、糊里糊涂地生活。

画饼充饥　望梅止渴

【同】都比喻用空想来安慰自己，常可通用。
【异】前者有"画饼"的行动，后者只表示空等、空望。

涣然冰释　烟消云散

【同】都有消失不见的意思。
【异】前者指嫌疑或误解消除，后者指某些情绪、思想或事物消失得无影无踪。

荒诞不经　荒诞无稽　荒谬绝伦

【同】都表示荒唐、不可信之意。
【异】不经，指不正常，不合常理；无稽，指无法考查；绝伦，指超出同类，没有可以相比的。"荒谬绝伦"语义最重。

挥金如土　一掷千金

【同】都形容极度挥霍。
【异】前者重在对钱财轻视，后者重在一次花钱之多。

回味无穷　耐人寻味

【同】都形容意味深长。
【异】前者只限于事后回忆，从追忆中体会到意趣很深；后者不仅指事后，也可以指当时。

悔过自新　痛改前非

【同】都有改正错误之意。
【异】前者重在未来，强调重新做人；后者重在过去，强调错误改正得彻底。

魂不守舍　失魂落魄

【同】都可形容精神恍惚的样子。
【异】前者可形容精神不集中；后者重在形容惊慌异常或因受强

烈刺激而行动失常，语义较重。

J

疾恶如仇　深恶痛绝

【同】都有痛恨、憎恶之意。
【异】前者指恨坏人坏事像痛恨仇敌一样，后者形容痛恨到了极点。

居心叵测　高深莫测

【同】都有难以预测之意。
【异】前者指心存险恶，不可推测；后者指究竟高深到什么程度没法揣测，形容估摸不透。

K

空前绝后　凤毛麟角

【同】都指事物稀少珍贵。
【异】前者指以前没有过，以后也不会有；后者比喻珍贵的事物。

L

厉兵秣马　严阵以待

【同】都有做好战斗准备之意。

【异】前者重在人员的行动；后者重在整个军队排好阵势，等待敌人来临。

另眼相看　刮目相看

【同】都有特别看待之意。
【异】前者做横向比较，表示看待某个人不同于一般；后者做纵向比较，表示去掉老印象，用新眼光看待。

六神无主　心惊肉跳

【同】都形容惊惧不安。
【异】前者偏重在心慌意乱，不知怎么办才好；后者偏重在心神不宁、不安，害怕不好的事临头。

络绎不绝　川流不息

【同】都表示行人、车马多。
【异】前者形容行人、车马往来不绝；后者指像河水那样流个不停，多用来形容车、船、行人来往不断。

第六单元 容易出错的成语

M

美轮美奂　美不胜收

【同】都用于形容美好的事物。
【异】前者形容房屋高大华丽且众多；后者指美好的东西太多，一时看不过来。

明察秋毫　明察暗访

【同】都有观察、了解情况之意。
【异】前者形容为人非常精明，任何小问题都看得清楚；后者指明里观察，暗里询问了解情况等。

莫衷一是　无所适从

【同】都有不知怎样才好的意思。
【异】前者指不能判断哪个是对的，形容意见产生分歧，不能得出一致的结论；后者指不知道跟从谁好，形容不知怎么办才好。

目不见睫　目不交睫

【同】都与眼睛相关。

【异】前者指眼睛看不见自己的睫毛，比喻没有自知之明，或见远不见近；后者指上下眼睫毛不相合，不合眼，形容不睡觉。

目不暇接　应接不暇

【同】都表示事物多得看不过来。
【异】前者形容可看的东西太多，看不过来；后者形容景物繁多，来不及观赏，后用以形容来人或事情太多，忙不过来。

目光如豆　鼠目寸光

【同】都可形容目光短浅，看不到远处、大处。
【异】前者偏重在眼界窄，强调看不到全局；后者强调只看眼前，看不到将来。

Q

起死回生　死里逃生

【同】都有摆脱生命危险的意思。
【异】前者指医生的医术高明，能把垂死的病人救活；后者形容

197

学生实用错别字修改大全

从极其危险的境遇中逃脱,幸免于死。

情不自禁　不由自主

【同】都有控制不住情势的意思。
【异】前者指不能控制感情;后者指由不得自己,自己控制不住自己。

R

如虎添翼　为虎添翼

【同】都有通过外部帮助变得更强大的意思。
【异】前者指使强的更强,一般用于人或组织,带褒义;后者则比喻给恶人做帮凶,助长恶人的势力。

S

身临其境　设身处地

【同】都有身处某种境地的意思。
【异】前者指亲身到了那个地方,形容感受深切;后者指设想自己处在别人的地位,指替别人着想。

深入人心　耳熟能详

【同】都能表示对象为人熟知。
【异】前者指理论、政策等已被人们认可;后者指听的次数多了,熟悉得能详尽地说出来。

身先士卒　以身作则

【同】都有亲自做出榜样之意。
【异】前者侧重于在关键时刻领导带头去做,走在群众的前头;后者仅指自己做出榜样。

势如破竹　一泻千里

【同】都有顺利、畅达的意思。
【异】前者指作战或工作节节胜利,毫无阻碍;后者形容江河水奔流直下,也形容文笔奔放流畅。

死得其所　死有余辜

【同】都有对死者的评价。
【异】前者指死得有价值,有意义,是褒义词;后者指即使处以死刑,也抵偿不了所犯的罪过,形容罪大恶极。

死气沉沉　万马齐喑

【同】都形容无一点生气。

第六单元 容易出错的成语

【异】前者偏重指气氛压抑，用于人时有不愿讲话之意；后者偏重于不敢发表意见。

耸人听闻　骇人听闻

【同】都有使人听后感到震惊之意。

【异】前者指歪曲、捏造事实或故意夸大事态，所指的事不一定是坏的；后者指卑劣、残暴的事实坏到了使人吃惊的程度，所指对象是坏人、坏事。

T

天花乱坠　娓娓动听

【同】都有说话好听之意。

【异】前者形容说话十分动听，但夸张而不切实际，含贬义；后者形容说话生动，使人爱听，含褒义。

W

无微不至　无所不至

【同】都含有没有一处不到之意。

【异】前者形容处世待人细致周密，体贴入微，含褒义；后者多指什么坏事都干得出来，含贬义。

X

瑕不掩瑜　瑕瑜互见

【同】都指同时具有优点和缺点。

【异】前者是缺点遮不住优点，优点是主要的；后者比喻有优点也有缺点，无主次之分。

心照不宣　心领神会

【同】都有心里已领会，不用说出来之意。

【异】前者多指双方，有时指较多的人；后者重领会，一般指一方。

徇私舞弊　营私舞弊

【同】都指为私而玩弄手段干违法乱纪的事。

【异】前者指屈从私情，照顾私人关系而舞弊；后者指为自己谋求私利而舞弊。

Y

洋洋大观　洋洋洒洒

【同】都有内容多的意思。

【异】前者侧重指事物数量和种类繁多，丰富多彩；后者形容文章、谈话内容的篇幅很长，有气势。

杳如黄鹤　杳无音信

【同】都有见不到之意。
【异】前者侧重指一去不见踪影，后者侧重指一直得不到对方的消息。

夜以继日　通宵达旦

【同】都表示通宵忙碌。
【异】前者形容日夜不停，后者指从天黑到天亮。

一笔勾销　一笔抹杀

【同】都含有全部消去之意。
【异】前者指账目、嫌隙、隔阂等，后者指对成绩、优点等全盘否定。

一箭双雕　一举两得

【同】都有一件事达到两方面好结果的意思。
【异】前者指发一箭而同时射中两只雕，原指射技高超，也比喻做一件事同时达到两个目的；后者指做一件事而得到两方面的

好处。

义不容辞　责无旁贷

【同】都有应该承担、不能推辞的意思。
【异】前者侧重于道义上不允许推辞，后者侧重于责任上不可推卸。

鱼龙混杂　鱼目混珠

【同】都有好坏难辨的意思。
【异】前者比喻好人和坏人混杂在一起，后者比喻拿假的东西冒充好的、真的东西。

Z

震天动地　翻天覆地

【同】都有惊天动地的意思。
【异】前者可形容声音巨大，也可形容声势浩大或气势雄伟；后者形容变化巨大或非常激烈。

自鸣得意　自得其乐

【同】都有很得意之意。
【异】前者侧重自以为了不起，后者侧重感到很有乐趣。

第七单元 消灭错别字分类训练

第一节 基础拼音训练

一、读拼音，写出正确的汉字

（1）地jiào（　　）
（2）xiāng（　　）嵌
（3）jū（　　）躬
（4）zì（　　）情
（5）mǎng（　　）撞
（6）jiǒng（　　）迫
（7）tuí（　　）唐
（8）jué（　　）择
（9）kān（　　）察
（10）菜qí（　　）
（11）xiè（　　）货
（12）赤luǒ（　　）
（13）精zhàn（　　）
（14）guǎ（　　）妇
（15）zhù（　　）造
（16）防yù（　　）
（17）xuán（　　）崖
（18）dàn（　　）生
（19）挺bá（　　）
（20）chéng（　　）现
（21）肃mù（　　）
（22）tuǒ（　　）圆
（23）山luán（　　）
（24）duò（　　）碎

（25）qīn（　　）佩
（26）zhān（　　）仰
（27）shuò（　　）大
（28）风sāo（　　）
（29）tuì（　　）色
（30）tián（　　）静
（31）梳zhuāng（　　）
（32）序mù（　　）
（33）jiǎo（　　）健
（34）静mì（　　）
（35）挑xìn（　　）
（36）jué（　　）斗
（37）吞shì（　　）
（38）孤pì（　　）
（39）yì（　　）事
（40）zhù（　　）立
（41）对zhì（　　）
（42）警jué（　　）
（43）宽chǎng（　　）
（44）门méi（　　）
（45）深suì（　　）
（46）zī（　　）态
（47）jī（　　）身
（48）zhuó（　　）著
（49）guǐ（　　）计
（50）书jí（　　）
（51）kē（　　）睡
（52）哽yè（　　）

二、看汉字，写出正确的拼音

（1）发绺（　　）
（2）马鬃（　　）
（3）诅（　　）咒
（4）脸颊（　　）
（5）惩（　　）罚
（6）停泊（　　）
（7）溃（　　）退
（8）顷（　　）刻
（9）拙（　　）劣
（10）瞄（　　）准
（11）承诺（　　）
（12）赫（　　）然
（13）哺（　　）育
（14）歼（　　）灭
（15）要塞（　　）
（16）繁衍（　　）

(17) 巢（　）穴　　　　(18) 翌（　）日
(19) 栖（　）息　　　　(20) 濒（　）危
(21) 铠（　）甲　　　　(22) 咫（　）尺
(23) 胆略（　）　　　　(24) 舷（　）窗
(25) 抖擞（　）　　　　(26) 摩挲（　）
(27) 恣（　）情　　　　(28) 颓（　）唐
(29) 窘（　）迫　　　　(30) 蛰（　）伏
(31) 瞌（　）睡　　　　(32) 聘（　）用
(33) 卓（　）著　　　　(34) 踱（　）步
(35) 碧澄（　）　　　　(36) 风靡（　）
(37) 胆怯（　）　　　　(38) 沮（　）丧
(39) 潦（　）草　　　　(40) 突兀（　）
(41) 灵柩（　）　　　　(42) 加冕（　）
(43) 薄（　）暮　　　　(44) 摒（　）弃
(45) 气氛（　）　　　　(46) 勉强（　）
(47) 纤（　）细　　　　(48) 腻（　）味
(49) 嚼（　）碎　　　　(50) 逞（　）能
(51) 苦涩（　）　　　　(52) 淳（　）朴
(53) 俯瞰（　）　　　　(54) 粗犷（　）
(55) 驯（　）良　　　　(56) 亘（　）古
(57) 参（　）天　　　　(58) 马厩（　）
(59) 圆锥（　）　　　　(60) 竣（　）工
(61) 天堑（　）　　　　(62) 上溯（　）
(63) 澎（　）湃　　　　(64) 分娩（　）

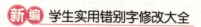

第二节 多音字训练

一、给下列多音字注音，然后组词

（1）殷 { （　）____ / （　）____ }

（2）攒 { （　）____ / （　）____ }

（3）脯 { （　）____ / （　）____ }

（4）模 { （　）____ / （　）____ }

（5）卷 { （　）____ / （　）____ }

（6）屏 { （　）____ / （　）____ }

（7）厦 { （　）____ / （　）____ }

（8）会 { （　）____ / （　）____ }

（9）佛 { （　）____ ; （　）____ }

（10）还 { （　）____ ; （　）____ }

（11）盛 { （　）____ ; （　）____ }

（12）泊 { （　）____ ; （　）____ }

（13）参 { （　）____ ; （　）____ ; （　）____ }

（14）咽 { （　）____ ; （　）____ ; （　）____ }

（15）落 { （　）____ ; （　）____ ; （　）____ }

（16）差 { （　）____ ; （　）____ ; （　）____ ; （　）____ }

二、根据具体语境，给多音字注音

（1）折：这两批货物都打折（　　）出售，严重折（　　）本，他再也经不起这样折（　　）腾了。

（2）喝：武松大喝（　　）一声："快拿酒来！我要喝（　　）十二碗。"博得众食客一阵喝（　　）彩。

（3）沓：高考成绩出来了，他是村里唯一一个考上大学的学生，乡亲们的道贺纷至沓（　　）来。而他先把自己的高考志愿写在一沓（　　）纸上，然后细心地输入电脑里，提交成功后，耐心地等待大学录取通知书。

（4）载：据史书记载（　　），王昭君多才多艺，每逢三年五载（　　）汉匈首脑聚会，她都要载（　　）歌载（　　）舞。

（5）曝：陈涛参加体育锻炼缺乏毅力、一曝（　　）十寒的事情在大会上被曝（　　）光，他感到十分羞愧。

（6）和：天气暖和（　　），小和（　　）在家和（　　）泥抹墙。他讲原则，是非面前从不和（　　）稀泥，也不随声附和（　　）别人，更不会在麻将桌上高喊："我和（　　）了。"

（7）拗：这首诗写得太拗（　　）口了，但他非常执拗（　　），就是不改，气得我把笔杆都拗（　　）断了。

（8）度：度（　　）老师宽宏大度（　　），一向度（　　）德量力，从不以己度（　　）人。

（9）行：银行（　　）发行（　　）股票，报纸刊登行（　　）情。

（10）涨：我说她涨（　　）工资，她就涨（　　）红着脸摇头否认。

（11）宿：小明在宿（　　）舍说了一宿（　　）有关

星宿（　　）的常识。

（12）假：假（　　）如儿童节学校不放假（　　），我们怎么办？

（13）数：两岁能数（　　）数（　　）的小孩已数（　　）见不鲜了。

（14）乐：教我们音乐（　　）的老师姓乐（　　），他乐（　　）于助人。

（15）强：小强（　　）很倔强（　　），做事别勉强（　　）他。

（16）冠：自从他数学竞赛得了冠（　　）军后，上课经常迟到，总是找些冠（　　）冕堂皇的理由来敷衍老师。

（17）干：穿着干（　　）净的衣服干（　　）脏活，真有点不协调。

（18）巷：矿下的巷（　　）道与北京四合院的小巷（　　）有点相似。

（19）薄：家里有几亩薄（　　）田，爸爸种了一些薄（　　）荷，每天干到日薄（　　）西山，收成还是不尽如人意。

（20）恶：这条恶（　　）狗真可恶（　　），满身臭味，让人闻了就恶（　　）心。

（21）便：局长大腹便便（　　），行动不便（　　）。

（22）丧：小小年纪，父母却遭遇横祸，他穿着丧（　　）服，神情沮丧（　　），一脸无助。

（23）差：爸爸每次出差（　　）都不放心我，因为我太粗心,没人监管的话,差(　　)不多做什么事都会出点差(　　)错。

(24)**扎**:鱼拼命挣扎(　　),鱼刺扎(　　)破了手,他随意包扎(　　)一下。

(25)**埋**:他自己懒散,却总是埋(　　)怨别人埋(　　)头工作。

(26)**盛**:盛(　　)老师盛(　　)情邀我去她家做客,并帮我盛(　　)饭。

(27)**创**:勇于创(　　)造的人难免会遭受创(　　)伤。

(28)**伯**:我是她的大伯(　　),不是她的大伯(　　)子。

(29)**疟**:发疟(　　)子就是患了疟(　　)疾。

(30)**看**:看(　　)守大门的保安也很喜欢看(　　)小说。

(31)**艾**:他在耆艾(　　)之年得了艾(　　)滋病,整天自怨自艾(　　)。

(32)**藏**:西藏(　　)的布达拉宫收藏(　　)大藏(　　)经等宝藏(　　)。

(33)**轧**:轧(　　)钢车间的工人很团结,没有相互倾轧(　　)的现象。

(34)**卡**:这辆藏匿毒品的卡(　　)车在过关卡(　　)时被截住了。

(35)**调**:出现矛盾要先调(　　)查,然后调

（　　）解。

（36）模：这两件瓷器模（　　）样很相似，像是由一个模（　　）型做出来的。

（37）没：驾车违章，证件被交警没（　　）收了，他仍像没（　　）事一样。

（38）舍：我真舍（　　）不得离开住了这么多年的宿舍（　　）。

（39）殷：老林家境殷（　　）实，那清一色殷（　　）红的实木家具令人赞叹不已。

（40）还：下课后我还（　　）要去图书馆还（　　）书。

（41）系：作为关心下一代的领导，你得系（　　）上红领巾去学校联系（　　）少先队员来参加活动。

（42）降：我们有办法使从空中降（　　）落的敌人投降（　　）。

（43）间：他们两人之间（　　）的友谊从来没有间（　　）断过。

第三节 同音字训练

一、根据拼音,准确写出同音字

(1) chéng　（　）罚　（　）受　工（　）　（　）汁
(2) bǎo　（　）贝　（　）卫　（　）垒　（　）饭
(3) qiào　（　）丽　陡（　）　诀（　）　（　）尾巴
(4) pì　开（　）　（　）静　（　）美　（　）喻
(5) mì　奥（　）　静（　）　茂（　）　分（　）
(6) kǎo　烘（　）　（　）试　（　）打　（　）栳
(7) jùn　严（　）　（　）工　英（　）　（　）马
(8) fèi　浪（　）　（　）物　犬（　）　（　）腾
(9) duàn　绸（　）　（　）落　（　）炼　果（　）
(10) yù　（　）习　犹（　）　遭（　）　富（　）

二、用"/"划去不正确的字,将正确的字写在（　）里

(1) 愁怅（　）　(2) 鬼计（　）　(3) 冒然（　）
(4) 璀灿（　）　(5) 克苦（　）　(6) 松驰（　）
(7) 朗颂（　）　(8) 以经（　）　(9) 渴水（　）
(10) 纵恿（　）　(11) 缀学（　）　(12) 作祟（　）
(13) 暮蔼（　）　(14) 寒喧（　）　(15) 钩鱼（　）
(16) 署假（　）　(17) 欣尝（　）　(18) 密蜂（　）
(19) 座标（　）　(20) 刻簿（　）　(21) 幅射（　）
(22) 辛福（　）　(23) 目地（　）　(24) 撕杀（　）

（25）枯躁（　）　（26）观磨（　）　（27）坚苦（　）
（28）震憾（　）　（29）自毫（　）　（30）担误（　）
（31）渐愧（　）　（32）急燥（　）　（33）其待（　）
（34）园满（　）　（35）荟翠（　）　（36）殆工（　）
（37）闪铄（　）　（38）消遥（　）　（39）针灸（　）
（40）爱幕（　）　（41）撩绕（　）　（42）装钉（　）
（43）姿式（　）　（44）膨涨（　）　（45）幼想（　）
（46）浪废（　）　（47）瓜牙（　）　（48）矿课（　）
（49）掘起（　）　（50）膺品（　）　（51）鸟看（　）
（52）题钢（　）　（53）蓝球（　）　（54）全愈（　）
（55）撒谎（　）　（56）竭见（　）　（57）息灯（　）
（58）污告（　）　（59）暴燥（　）　（60）胡涂（　）
（61）端祥（　）　（62）加奖（　）　（63）静秘（　）
（64）贯例（　）　（65）忧乱（　）　（66）粉粹（　）
（67）成积（　）　（68）消毁（　）　（69）提词（　）
（70）鼓午（　）　（71）问侯（　）　（72）粘绸（　）
（73）干躁（　）　（74）辨论（　）　（75）松驰（　）
（76）知慧（　）　（77）痉孪（　）　（78）迷漫（　）
（79）锻练（　）　（80）布署（　）　（81）打拢（　）
（82）申展（　）　（83）安照（　）　（84）必竟（　）
（85）誉写（　）　（86）斟灼（　）　（87）难到（　）
（88）工课（　）　（89）苦脑（　）　（90）材能（　）
（91）国藉（　）　（92）贪才（　）　（93）坐谈（　）
（94）记念（　）

第四节　形近字训练

一、选择合适的形近字，准确填空

(1) 长　常　（　）处　往（　）　经（　）　（　）短
(2) 浮　俘　漂（　）　（　）房　沉（　）　战（　）
(3) 辉　晖　（　）煌　春（　）　光（　）　余（　）
(4) 梳　疏　（　）导　（　）妆　（　）洗　生（　）
(5) 消　销　推（　）　（　）灭　（　）逝　（　）毁
(6) 迹　绩　痕（　）　政（　）　（　）象　业（　）
(7) 象　像　画（　）　现（　）　好（　）　（　）征
(8) 辨　辩　（　）证　分（　）　（　）别　（　）论
(9) 摇　谣　（　）言　（　）晃　造（　）　（　）摆
(10) 洲　州　亚（　）　九（　）　神（　）　三角（　）
(11) 瞻　赡　（　）养　（　）仰　观（　）　宏（　）
(12) 啡　绯　咖（　）　（　）红　吗（　）　（　）色
(13) 榭　谢　感（　）　水（　）　亭（　）　多（　）
(14) 俭　检　（　）朴　（　）查　体（　）　勤（　）
(15) 蔼　霭　和（　）　雾（　）　暮（　）　（　）然
(16) 蓬　篷　（　）松　帐（　）　斗（　）　莲（　）
(17) 贬　砭　（　）低　针（　）　褒（　）　（　）石
(18) 恰　洽　（　）当　融（　）　（　）好　接（　）
(19) 墓　幕　（　）地　帷（　）　坟（　）　（　）布
(20) 淳　醇　（　）朴　香（　）　（　）于　（　）正

（21）霄 宵　云（　）　通（　）　灵（　）殿　夜（　）
（22）灼 酌　（　）烧　斟（　）　（　）热　浅（　）
（23）馈 溃　反（　）　（　）烂　崩（　）　（　）赠
（24）粹 悴　纯（　）　憔（　）　国（　）　精（　）
（25）谎 慌　说（　）　（　）话　（　）张　惊（　）
（26）络 洛　网（　）　笼（　）　（　）阳　（　）河
（27）识 织　认（　）　纺（　）　编（　）　（　）字
（28）翻 藩　（　）动　（　）王　（　）搅　削（　）
（29）诅 祖　（　）咒　（　）国　（　）父　（　）传
（30）堡 保　（　）护　城（　）　（　）垒　（　）持

二、认真比较形近字，准确组词

讥（　）饥（　）　　　逝（　）誓（　）
恕（　）怒（　）　　　竣（　）峻（　）
侮（　）悔（　）　　　锐（　）蜕（　）
卷（　）巷（　）　　　辣（　）棘（　）
拆（　）折（　）　　　陡（　）徒（　）
施（　）旋（　）　　　已（　）己（　）
垠（　）限（　）　　　挠（　）绕（　）
调（　）雕（　）　　　涌（　）踊（　）
辉（　）晖（　）　　　梳（　）疏（　）
绩（　）迹（　）　　　销（　）消（　）
唤（　）涣（　）　　　罐（　）灌（　）
躯（　）驱（　）　　　挎（　）跨（　）

厚（　）原（　）　　丈（　）文（　）
顽（　）玩（　）　　邦（　）帮（　）
详（　）祥（　）　　颂（　）辞（　）
幕（　）慕（　）　　暮（　）墓（　）
陶（　）淘（　）　　皓（　）浩（　）
城（　）诚（　）　　爆（　）暴（　）
构（　）购（　）　　诵（　）俑（　）
孤（　）弧（　）　　湍（　）瑞（　）
徐（　）除（　）　　隐（　）稳（　）
篇（　）遍（　）　　虎（　）虚（　）
牌（　）碑（　）　　烁（　）砾（　）
继（　）断（　）　　恐（　）怒（　）
蜗（　）锅（　）　　坚（　）竖（　）
慎（　）镇（　）　　雾（　）霎（　）
魂（　）瑰（　）　　菜（　）莱（　）
载（　）裁（　）栽（　）　　搓（　）磋（　）蹉（　）
抗（　）杭（　）坑（　）　　皈（　）版（　）返（　）
庙（　）届（　）宙（　）　　绸（　）调（　）倜（　）

三、用"/"画去（　）内不正确的字

（1）（渲　宣）泄　　（2）（漂　飘）舞
（3）（形　行）态　　（4）（玻　波）涛
（5）（娇　骄）阳　　（6）（鞠　掬）躬
（7）（掉　悼）念　　（8）傍（晚　挽）

第七单元 消灭错别字分类训练

（9）（清 轻）脆
（10）（波 拔）纹
（11）怀（抱 报）
（12）（攻 功）课
（13）（锐 税）利
（14）（绝 决）对
（15）诸（侯 候）
（16）（度 渡）假
（17）扁（但 担）
（18）笨（拙 绌）
（19）（列 烈）日
（20）简（练 炼）
（21）（决 诀）心
（22）（沧 苍）茫
（23）清（辙 澈）
（24）（带 代）动
（25）（倾 顷）刻
（26）（启 起）封
（27）疏（竣 浚）
（28）社（谡 稷）
（29）（诀 决）窍
（30）（和 合）同
（31）（读 渎）职
（32）（掂 惦）量
（33）（捣 倒）蛋
（34）并（连 联）
（35）年（纪 记）
（36）（部 布）署
（37）（刻 克）苦
（38）（玷 沾）污
（39）翩（跹 迁）
（40）（浏 流）览
（41）耽（耽）误
（42）抱（谦 歉）
（43）气（慨 概）
（44）引（申 伸）
（45）（妨 防）害
（46）愤（慨 概）
（47）剽（悍 捍）
（48）（摒 屏）退
（49）陷（井 阱）
（50）（掺 渗）和
（51）（损 陨）石
（52）（辍 缀）学
（53）浮（燥 躁）
（54）（圆 园）熟
（55）慰（藉 籍）
（56）害（臊 燥）

（57）粗（矿 犷）　　（58）朗（颂　诵）
（59）（鱼 渔）翁　　（60）浪（费　废）
（61）池（塘　溏）　　（62）思（辨　辩）
（63）葱（笼 茏）　　（64）（倔 崛）犟
（65）（向 想）往　　（66）（缉 揖）捕
（67）给（于 予）　　（68）（讴 呕）歌
（69）悲（伦 怆）　　（70）（矫 骄）健
（71）（缜 慎）密　　（72）璀（灿　璨）
（73）销（脏 赃）　　（74）（斑 班）斓
（75）装（帧 祯）　　（76）（瞻 赡）养
（77）（偌 若）大　　（78）（儒 孺）子
（79）（诨 浑）名　　（80）丰（彩 采）
（81）（恣 姿）态　　（82）收（讫 迄）
（83）寒（伧 怆）　　（84）（濒 频）临
（85）通（牒 谍）　　（86）（耶 椰）稣
（87）（拇 姆）指　　（88）（拔 拨）款
（89）（嬉 嘻）戏　　（90）高（梁 粱）
（91）（诟 垢）骂　　（92）颠（覆 复）
（93）门（楣 眉）　　（94）（赝 膺）品
（95）（论 伦）证　　（96）消（洱 弭）

四、分别给下列汉字换上不同的偏旁，变新字

倍——（　）　　海——（　）　　什——（　）
跳——（　）　　活——（　）　　伙——（　）

第七单元 消灭错别字分类训练

对——（　）	捡——（　）	吹——（　）
洗——（　）	吧——（　）	请——（　）
傍——（　）	村——（　）	灾——（　）
店——（　）	递——（　）	扎——（　）
祝——（　）	珠——（　）	伟——（　）
滴——（　）	地——（　）	迪——（　）
底——（　）	洒——（　）	澈——（　）
碎——（　）	杖——（　）	庞——（　）
纪——（　）	级——（　）	抬——（　）
暖——（　）	远——（　）	队——（　）
岁——（　）	爷——（　）	红——（　）
知——（　）	房——（　）	话——（　）
妈——（　）	完——（　）	扫——（　）
秀——（　）	连——（　）	空——（　）
叶——（　）	往——（　）	跟——（　）
忘——（　）	情——（　）	桃——（　）
把——（　）	园——（　）	过——（　）
描——（　）	沙——（　）	相——（　）
这——（　）	明——（　）	选——（　）
拉——（　）	凉——（　）	点——（　）
决——（　）	钱——（　）	狗——（　）
抹——（　）	破——（　）	扮——（　）
领——（　）	胜——（　）	建——（　）

第五节　多义字训练

请根据字典里的解释，选择准确的字义

1. "疾"字在字典里的意思是：①病，身体不舒适；②恨；③快，迅速，猛烈；④疼痛。"疾驰"的"疾"意思是（　）。

2. "置"在字典里的解释有：①放，搁，摆；②设立，装设；③购买。在"置之不理"一词中，"置"的意思应取第（　）种。

3. "漫"在字典里的解释有：①水过满，向外流；②淹没；③到处都是；④广阔，长；⑤不受约束，随便；⑥莫，不要。"漫天风沙"的"漫"应选第（　）条解释，"长夜漫漫"的"漫"应选第（　）条解释，"漫无目的"的"漫"应选第（　）条解释。

4. "光"在字典里有如下解释：①光波、光线；②景物；③光彩、荣誉；④指好处；⑤敬辞，表示光荣，用于对方来临；⑥光大，使显耀；⑦明亮；⑧光滑；⑨一点儿不剩；⑩（身体）露着；⑪只，单。给下列词语中的"光"选择合适的义项。

   光着脑袋（　）阳光灿烂（　）欢迎光顾（　）光溜溜（　）光靠你俩（　）为国争光（　）沾你的光（　）消灭光（　）

5. "毫"字在字典里主要有五种解释：①细长而尖的

毛；②毛笔；③某些计量单位的千分之一或计量单位名称；④一点儿（只用于否定式）；⑤杆秤或戥子上的提绳。"毫"在"毫不松弛"中应取第（　）种解释；在"挥毫泼墨"中应取第（　）种解释。

6. "挠"在字典里有三种解释：①用手轻轻地抓；②使别人的事情不能顺利进行；③弯曲，比喻屈服。在"阻挠"一词中，这个字应取第（　）种解释；在"不屈不挠"一词中应取第（　）种解释。

7. "以"在字典里的解释有：①依，顺，按照；②因为；③表示目的；④用，拿，把，将；⑤放在方位词前表明时间、地位、方向或数量的界限。在"引以为荣"一词中，"以"应取第（　）种解释。

8. "荣"在字典里的解释有：①草木茂盛；②兴盛；③光荣，受人敬重。在"引以为荣"一词中，"荣"应取第（　）种解释。

9. "引"在字典里的解释有：①引起，招来；②拉，伸；③用来做证据或理由；④诱发，惹；⑤离开。在"引以为荣"一词中，"引"应取第（　）种解释。

10. "赏"字在字典里的解释有：①赏赐，奖赏；②欣赏，观赏；③赏识；④赏赐或奖赏的东西。在"赏心悦目"一词中应取第（　）种解释。

11. "苟"字在字典里的解释有：①姑且；②假如，如果；③马虎，随便。在"一丝不苟"一词中应取第（　）种解释。

12."耗"字在字典中的解释有：①减损，消耗；②拖延；③坏的音信或消息。在"噩耗"一词中应取第（　　）种解释。

13."会"字在字典里的解释有：①理解，懂得；②熟习，通晓；③表示懂得怎样做或有能力做（多半指需要学习的事情）；④表示有可能实现；⑤表示擅长；⑥多数人的集合或组成的团体；⑦总计。在"他是单位的会计，经常参加相关会议，并把他的体会写在笔记本上"中，"会"依次应取（　　）（　　）（　　）这几种解释。

14."顶"在字典里的解释有：①人体或物体上最高的部分；②用头支承；③从下面拱起；④用头或角撞击；⑤支撑，抵住；⑥面对着，迎着；⑦顶撞；⑧担当，支持；⑨相当，抵；⑩顶替；⑪量词，用于某些有顶的东西；⑫副词，表示程度最高。给下列词语中的"顶"选择合适的义项。

顶着打糕（　　）　冒名顶替（　　）　用力一顶（　　）一人顶俩（　　）一顶帽子（　　）　顶顶重要（　　）　攀登顶峰（　　）　顶嘴（　　）

第六节　词语训练

一、分别给下列汉字加偏旁变新字，然后组词

月（　　）____　丁（　　）____　口（　　）____
人（　　）____　元（　　）____　己（　　）____

干（　）____	先（　）____	车（　）____
早（　）____	音（　）____	斤（　）____
子（　）____	日（　）____	巴（　）____
方（　）____	马（　）____	云（　）____
门（　）____	王（　）____	十（　）____
用（　）____	干（　）____	去（　）____
青（　）____	立（　）____	井（　）____
象（　）____	午（　）____	才（　）____
关（　）____	主（　）____	包（　）____
文（　）____	几（　）____	可（　）____
亲（　）____	后（　）____	合（　）____
寸（　）____	欠（　）____	力（　）____
也（　）____	见（　）____	手（　）____
及（　）____	反（　）____	田（　）____

二、给每个句子选择最恰当的词语，填在相应的括号里

1. 诚实　诚恳

我们要做一个（　　）的孩子。

他待人（　　），大家都爱和他交朋友。

2. 已经　曾经

我很熟悉这条路，因为我（　　）走过。

我（　　）去过老师的办公室了。

3. 鼓舞　鼓励

老师经常（　　）我们要好好学习。

雷锋精神时刻（　　）着我们。

4. 安静　平静

窗外十分（　　），树枝不摇了，鸟儿不叫了。

（　　）的湖面上有几只小船。

5. 欢乐　快活

一出家门，我就像只出笼的小鸟，跑着，唱着，真（　　）。

节日里到处呈现出一片祥和（　　）的气氛。

6. 继续　连续

小红（　　）三年被评为"优秀学生"。

我们向房子跑去，（　　）寻找我们的"幸福鸟"。

7. 振动　抖动

蟋蟀（　　）翅膀，和阳台告别。

风筝在空中（　　）了一下，便极快地飞走了。

8. 干燥　急躁

济南的夏天阳光强，气温高，空气（　　）。

出现紧急情况时，我们的头脑要冷静，千万不能（　　）。

9. 推测　猜测

王刚今天没来上学，我（　　）他是生病了。

有经验的农民根据庄稼的长势可以（　　）秋天的收成。

10. 希望　盼望

小明（　　）自己长大了能当一名光荣的解放军

战士。

小弟弟一直（　　　）圣诞老人送给他一份礼物。

11. 辨认　分辨

蜜蜂有（　　　）方向的能力，无论飞到哪里，它总能回到原处。

在众多的蘑菇中，我一眼就能（　　　）出哪些是有毒的。

12. 好奇　奇怪

王平这次考试得了100分，同学们感到很（　　　）。

小弟弟对任何事情都感到（　　　），总想知道为什么。

13. 建造　创造

人类的老祖宗盘古，用他的整个身体（　　　）了美丽的宇宙。

赵州桥是隋朝的石匠李春设计和参加（　　　）的，到现在已经有1400多年了。

14. 雄伟　伟大

孔子是我国（　　　）的思想家和教育家。

武汉长江大桥非常（　　　）。

15. 拜访　朝拜

听说附近有一位下棋高手，我老早就想去（　　　）他了。

澳门的人们逢年过节都要去妈祖庙（　　　）。

16. 珍贵　宝贵

时间（　　　），我们应该好好珍惜每一分每一秒。

哥哥把这支钢笔当作（　　　）的纪念品。

17. 等候　听候

在封建社会，仆人随时（　　　）主人差遣。

怎么还不回来，小刚已经（　　　）很久了。

18. 辽阔　宽阔

汽车驶上了（　　　）的京沪高速公路。

暑假，我和爸爸来到了（　　　）的大草原。

19. 简单　简陋

在我小的时候，我家的房子十分（　　　）。

他的文章虽然内容（　　　），但感人至深。

20. 渐渐　慢慢

大风（　　　）地停了，渔船准备出海。

宁宁（　　　）地从书包里拿出了书本。

21. 仔细　详细

我们做作业时，一定要认真（　　　）。

请把事情的来龙去脉讲（　　　）些。

22. 居然　果然

第二天，列宁来到白桦树下，（　　　）又看到那只欢蹦乱跳的灰雀。

小明踢球，（　　　）把别人家的窗户踢碎了。

23. 经常　往常

高尔基（　　　）坐在窗子旁边工作。

小明跟（　　　）一样，一写完作业就帮妈妈做家务。

24. 依然　果然　居然

风筝做好了，却什么也不像，我们（　　）快活。

商人按照老人的指点找，（　　）找到了走失的骆驼。

小明平时学习很差，这次他（　　）考了九十分。

25. 陆续　继续　连续

大雨（　　）下了三天三夜，第四天黎明才停下来。

这些花在二十四小时之内（　　）开放。

我吃完晚饭，又（　　）写家庭作业。

26. 保护　维持　保持

渔夫起早贪黑地干，还（　　）不了一家人的生活。

他始终（　　）着艰苦朴素的优良作风。

利用风力发电既可节约能源，又能（　　）环境。

27. 矗立　耸立　屹立

刘胡兰像钢铁巨人一样（　　）在刑场中间。

人民英雄纪念碑像巨人一样（　　）在广场南部。

珠穆朗玛峰巍然（　　）在我国西南部。

28. 视察　考察　觉察

叙利奥夜里帮父亲抄写了很多签条，父亲一点儿没有（　　）。

最近，国家领导人来我市进行了（　　）。

科技人员昼夜在隧洞里实地（　　），寻找冰岩温度变化的规律。

第七节 成语训练

一、用"/"划去成语中的错别字,在括号中写出正确的字

(1)哀声叹气(　　)　　(2)英雄倍出(　　)
(3)金壁辉煌(　　)　　(4)鸦鹊无声(　　)
(5)安部就班(　　)　　(6)兴高彩烈(　　)
(7)残无人道(　　)　　(8)一张一驰(　　)
(9)一愁莫展(　　)　　(10)穿流不息(　　)
(11)义不容词(　　)　　(12)责无旁代(　　)
(13)披星带月(　　)　　(14)以逸代劳(　　)
(15)投机捣把(　　)　　(16)以老卖老(　　)
(17)三翻两次(　　)　　(18)要言不繁(　　)
(19)煞废苦心(　　)　　(20)恰如其份(　　)
(21)破斧沉舟(　　)　　(22)入不付出(　　)
(23)如雷灌耳(　　)　　(24)发扬广大(　　)
(25)仗义直言(　　)　　(26)轰堂大笑(　　)
(27)涣然一新(　　)　　(28)精神涣发(　　)
(29)插科打浑(　　)　　(30)步入正规(　　)
(31)群英汇萃(　　)　　(32)迫不急待(　　)
(33)激流勇退(　　)　　(34)不记其数(　　)
(35)杯盘狼籍(　　)　　(36)佳宾满座(　　)
(37)精兵简阵(　　)　　(38)娇揉造作(　　)
(39)直接了当(　　)　　(40)情不自尽(　　)

（41）不径而走（　　）　　（42）事过境迁（　　）
（43）面面具到（　　）　　（44）功亏一匮（　　）
（45）陈词烂调（　　）　　（46）坐收鱼利（　　）
（47）再接再励（　　）　　（48）变本加利（　　）
（49）历精图治（　　）　　（50）一枕黄梁（　　）
（51）出奇致胜（　　）　　（52）廖廖无几（　　）
（53）留芳百世（　　）　　（54）名列前矛（　　）
（55）甜言密语（　　）　　（56）磨拳擦掌（　　）
（57）不可思义（　　）　　（58）迁移默化（　　）
（59）巧装打扮（　　）　　（60）消声匿迹（　　）
（61）金榜提名（　　）　　（62）委屈求全（　　）
（63）鸠占雀巢（　　）　　（64）游仞有余（　　）
（65）枉费心计（　　）　　（66）试目以待（　　）
（67）手屈一指（　　）　　（68）手不失卷（　　）
（69）诵古非今（　　）　　（70）鬼鬼崇崇（　　）
（71）排山到海（　　）　　（72）完壁归赵（　　）
（73）心宽体盘（　　）　　（74）初露头脚（　　）
（75）不能自己（　　）　　（76）相得益章（　　）
（77）变换莫测（　　）　　（78）别俱匠心（　　）
（79）初生牛犊（　　）　　（80）力排众义（　　）
（81）宣然大波（　　）　　（82）攻成名就（　　）
（83）人迹罕致（　　）　　（84）居心叵恻（　　）
（85）人生鼎沸（　　）　　（86）面面相觑（　　）
（87）鲜为人之（　　）　　（88）慷概激昂（　　）

（89）叱诧风云（　　　）　　（90）丰功伟迹（　　　）
（91）异曲同功（　　　）　　（92）含辛如苦（　　　）
（93）诩诩如生（　　　）　　（94）络译不绝（　　　）
（95）慢不经心（　　　）　　（96）风起云拥（　　　）

二、将下列广告用语改为正确的成语，还原成语的本来面目

（1）补品广告：鳖来无恙　　（　　　　　　）
（2）眼镜广告：一明惊人　　（　　　　　　）
（3）驱蚊器广告：默默无蚊　（　　　　　　）
（4）透明胶带广告：无可替带（　　　　　　）
（5）网吧广告：一网情深　　（　　　　　　）
（6）钢琴广告：一见钟琴　　（　　　　　　）
（7）空调广告：终生无汗　　（　　　　　　）
（8）海鲜广告：领鲜一步　　（　　　　　　）
（9）跳舞机广告：闻机起舞　（　　　　　　）
（10）某房产公司广告：万室俱备（　　　　　）
（11）某蛋糕广告：步步糕升　（　　　　　　）
（12）礼品店广告：礼所当然　（　　　　　　）
（13）帽子公司广告：以帽取人（　　　　　　）
（14）电熨斗广告：百衣百顺　（　　　　　　）
（15）洗衣机广告：闲妻良母　（　　　　　　）
（16）打印机广告：百闻不如一键（　　　　　）
（17）摩托车广告：骑乐无穷　（　　　　　　）
（18）某酒类广告：天尝地久　（　　　　　　）

（19）止咳药广告：咳不容缓　　（　　　）
（20）服装广告：衣衣不舍　　　（　　　）
（21）感冒药广告：手当其冲　　（　　　）
（22）饮品广告：饮以为荣　　　（　　　）
（23）空调广告：智者见质　　　（　　　）
（24）某花露水广告：六神有主　（　　　）
（25）磁化杯广告：有杯无患　　（　　　）
（26）游戏广告：步步为赢　　　（　　　）
（27）洗衣机广告：爱不湿手　　（　　　）
（28）衬衫广告：开门见衫　　　（　　　）
（29）某饭店广告：鸡不可失　　（　　　）
（30）某热水器广告：随心所浴　（　　　）
（31）某皮革广告：别具一革　　（　　　）
（32）某消炎药广告：快治人口　（　　　）
（33）胃药广告：无所胃惧　　　（　　　）
（34）某牙膏广告：牙口无炎　　（　　　）
（35）某动画片广告：触幕惊新　（　　　）
（36）某鞋子广告：无鞋可及　　（　　　）

第八节　综合训练

一、请选择正确的答案，将其填在括号里

1. 下列加点字的注音完全正确的一项是（　　　）
   A. 憩息（qì）　粼粼（lín）　犀利（xī）　皎洁（jiǎo）
   B. 蜿蜒（wān）　绮丽（qí）　慷慨（kǎi）　恫吓（dòng）
   C. 纤维（qiān）　脉搏（mài）　堕落（duò）　孤僻（pì）
   D. 瀚海（hàn）　颤抖（chàn）　洗涤（dí）　腼腆（diǎn）

2. 下列加点字的注音完全正确的一项是（　　　）
   A. 辟易（pì）　匀称（chèng）　劲敌（jìn）　忍俊不禁（jìn）
   B. 耸肩（sǒng）　隽永（jùn）　涟漪（yī）　叫嚣（xiāo）
   C. 沮丧（zǔ）　蹇行（jiǎn）　萦回（yíng）　引吭（kàng）
   D. 冥顽（míng）　不拘（jū）　翌日（yì）　盛馔（zhuàn）

3. 下列加点字的注音完全正确的一项是（　　　）
   A. 崛（qū）起　犀利（xī）　丰腴（yú）　花团锦簇（shù）
   B. 携手（xié）　隽逸（jùn）　威慑（niè）　高瞻远瞩（shǔ）
   C. 鄙夷（bǐ）　窥伺（cì）　分娩（miǎn）　蹑手蹑脚（niè）
   D. 对峙（zhì）　剽悍（piāo）　凝眸（móu）　神经中枢（shū）

4. 下列地名读音错误的是（　　　）
   A. 荥（xíng）阳市　　B. 儋（zhān）州市
   C. 蒲圻（qí）市　　　D. 岑（cén）溪

5. 下列地名读音正确的是（　　　）
   A. 綦江（jī jiāng）　　B. 武陟（wǔ bù）
   C. 涪陵（bèi líng）　　D. 酉阳（yǒu yáng）

6.下列生僻地名读音错误的是（　　　）
  A.铅（qiān）山　　　　B.无棣（dì）
  C.枞（zōng）阳　　　　D.鄞（yín）县

7.下列词语中没有错别字的一项是（　　　）
  A.脉博　松驰　精萃　重迭
  B.防碍　幅射　秘决　绝裂
  C.粗犷　震撼　凑合　赃款
  D.雄浑　峻工　打腊　了望

8.下列词语书写完全正确的一项是（　　　）
  A.罗唆　亲睐　追朔　迁徒
  B.俏壁　坐阵　寒喧　弦律
  C.腊梅　擂台　苍凉　栖身
  D.善长　略夺　烦燥　炼习

9.下列词语中有错别字的一项是（　　　）
  A.勉励　再接再厉　提名　金榜题名
  B.骨干　股肱之臣　告示　寻物启示
  C.诡辩　阴谋诡计　籍贯　声名狼藉
  D.频繁　濒危物种　退化　蜕化变质

10.下列各组词语中，有两个错别字的一组是（　　　）
  A.涵怀　酿造　左支右绌　断章取义
  B.倦怠　涣散　婉转嘹亮　不记其数
  C.博览　揣度　倍受欢迎　直言不讳
  D.起迄　惦量　怨天尤人　筚路蓝缕

11.下列各组词语中，有三个错别字的一组是（　　）
　　A.痉孪　磬竹难书　吊销　枉费心计
　　B.凋蔽　陈词烂调　发楞　百感交积
　　C.淳朴　爱屋及乌　抵毁　前仆后继
　　D.眩目　谈笑风声　磋商　仓皇失措
12.下列各组词语中，没有错别字的一项是（　　）
　　A.逞能　沾污　历尽沧桑　气喘吁吁
　　B.笼络　寨臼　手屈一指　噤若寒蝉
　　C.潦倒　磊落　委曲求全　出奇不意
　　D.脉络　绵亘　礼尚往来　厉兵秣马
13.下列词语书写完全正确的一组是（　　）
　　A.想入飞飞　一本正经　涓涓细流
　　B.不可遏止　肃然起敬　怡然自得
　　C.留连忘返　生性孤僻　跃跃欲试
　　D.雄心勃勃　不结之缘　爱不释手
　　E.进然有序　大名鼎鼎　如醉如痴
　　F.不求甚解　朴朔迷离　梦寐以求
14.下列词语书写完全正确的一组是（　　）
　　A.津津有味　欣喜若狂　家愉户晓　养尊处优
　　B.高瞻远瞩　恼羞成怒　孤苦令仃　走头无路
　　C.异口同声　乐不可支　不知所措　垂头丧气
　　D.一泄千里　水泻不通　花团绵簇　豁然开朗
15.下列词语书写完全正确的一组是（　　）
　　A.航空模形　欢心鼓舞　永垂不朽　有持无恐
　　B.大显伸手　以身作则　没精打采　掬躬尽瘁

C.趾高气扬 辨别是非 破绽百出 安排工作

D.一窍不通 罪魁祸手 摩肩急踵 皮气急燥

16.下列各句中，加点的词语书写完全正确的一项是（　　）

A.它对自己的戏法忍俊不襟，露出一口浩齿。

B.我父亲刻勤刻俭，积攒下一点钱，买回了他的地。

C.邻近的鸡也很多，也常蹑手蹑脚地来偷鹅的饭食。

D.盘旋的圆形队伍和轻快的音乐，悠杨，壮观，美不可言。

17.依次填入下面句子中横线上的词语，最恰当的一项是（　　）

（1）增加对有关学科的_____操作测试是茂名市中考改革的内容之一。

（2）新闻工作者应及时_____人民的现实生活。

（3）这篇文章以新颖的主题、_____的思路、明快的语言获得了作文大赛金奖。

A.试验 反应 简捷　　　　B.实验 反应 简洁

C.试验 反映 简洁　　　　D.实验 反映 简捷

18.依次填入下列句子横线处的词语，最恰当的一项是（　　）

只要拥有一颗纯真的心，就可以_____烦恼的枷锁，在欢乐的草坪上自由漫步；就可以_____失败的阴影，在胜利的阳光下大步前行；就可以_____冷漠的坚冰，在热情的海洋里扬帆远航。

A.摆脱 赶开 砸开　　　　B.驱散 融化 摆脱

C.砸开 赶开 驱散　　　　D.摆脱 驱散 融化

19.依次填入下列句子横线处的词语，最恰当的一项是（　　）

由于他语言发育很_____，表达能力很差，再加上他总愿意独自慢慢_____，当老师提问时，他总是反应很_____。

A.缓慢　思考　迟缓　　　B.迟钝　思索　迟缓

C.迟缓　思绪　迟钝　　　D.迟缓　思考　迟钝

20.依次填入下列句子横线处的词语，最恰当的一项是（　　）

九岁那年，爱因斯坦进了中学。那时正是普鲁士军国主义在德国_____的时期，军国主义_____着校园。

A.泛滥　充斥　　　　　　B.泛滥　充满

C.流行　影响　　　　　　D.流行　充斥

21.下列句子中加点的成语使用正确的一项是（　　）

A.老师和同学们对他多次规劝，但他不予理睬，依然我行我素。

B.这篇作文没有中心，东拉西扯，内容空洞，语言贫乏，令人莫衷一是。

C.回到故乡，见到亲人，在外漂泊多年的他终于忍俊不禁，流下了辛酸的泪水。

D.辽阔的绿色大草原上，三座白色的油井房星罗棋布，煞是好看。

22.下列句子中加点的成语使用正确的一项是（　　）

A.读完《自救手册》后，同学们恍然大悟：原来学会自救可以躲过许多灾难。

B.经过大家一番苦心孤诣的开导，他终于明白了团队精神的重要性。

C.经过严谨的论证和长期的测试，董事长心血来潮地决定：新产品于下个月投放市场。

D.十年不见了，老李激动地对我说："我俩真是有缘啊，这是我们第三次萍水相逢了！"

23.下列各句中，加点的词语使用不恰当的一项是（　　）

A.鹅的步调从容，大模大样的，颇像京剧里的净角出场。

B.那就用他自己的办法，引经据典来驳他。

C.论证这道题，实在是对小孩子好奇心的一种挑逗，阿尔伯特跃跃欲试。

D.当时的贝利是巴西家喻户晓的人物。

24.下列句子中，加点词语的使用不恰当的一项是（　　）

A.我在课上轻举妄动，惹得语文老师勃然大怒。

B.他徜徉在书的海洋里，爱不释手；他享受着精神的盛宴，如痴如醉。

C.春日的午后，小娅怡然自得地在阳台上看书。

D.性情孤僻的小阿尔法特，喜欢一人静静地看书思考。

25.下列句子中加点词语的解释没有结合具体语境的一项是（　　）

A.秋天树木葱茏。（青翠茂盛）

B.我们的报答将要把你眷顾。（眷恋）

C.她津津有味地看着。（特别有兴趣）

D.因为你证明了真挚和诚实。（真诚恳切）

26.对下列句子中加点的词语的解释，不正确的一项是（　　）

A.教育主管部门要求各大学实行阳光招生政策。（阳光招生：公开、公平地招生）

B.为了满足人们饮食健康的需求，厂家纷纷推出了绿色食品。（绿色食品：绿颜色的蔬菜）

C.球迷们强烈抗议比赛不公，要求吹黑哨的裁判立即下课。（下课：被免职或主动辞职）

D.沉溺网络、迷恋韩日漫画，已成为影响部分中学生健康成长的"心理杀手"。（心理杀手：对心理健康造成危害的因素）

27.下列选项中加点字的意思相同的一项是（　　）

A.莫名其妙　名副其实　B.及其日中如探汤　赴汤蹈火

C.无缘无故　一面之缘　D.虽听之　之广陵

28.下列每组词语中加点字的意思相同的一项是（　　）

A.万象更新　半夜三更　B.形态各异　异口同声

C.店铺开张　张冠李戴　D.色味双美　行色匆匆

29.下列四字词语中加点字的解释，全部正确的一组是（　　）

A.截然不同（阻拦、切段、割断）　随心所欲（将要）

B.蜂拥而至（拥挤）　勤俭持家（料理）

C.张灯结彩（开张、开业）　万不得已（停止）

D.肃然起敬（恭敬）　无缘无故（原来）

30.下列每组词语中加点字的意思相同的一项是（　　）

A.结绳而治　张灯结彩　B.随心所欲　震耳欲聋

C.座无虚席　虚张声势　D.美不胜收　引人入胜

31.下列每组词语中加点字的意思相同的一项是（　　）
　　A.若无其事　神态自若　B.一拥而入　蜂拥而至
　　C.萦绕于心　重于泰山　D.精兵简政　聚精会神
32.下列每组词语中加点字的意思相同的一项是（　　）
　　A.困苦万状　不可名状　B.死得其所　理所当然
　　C.一如既往　表里如一　D.精益求精　集思广益
33.下列各选项中加点字的意思相同的一项是（　　）
　　A.臭味相投　走投无路　B.聊胜于无　胜于吃药
　　C.人声鼎沸　大名鼎鼎　D.通国之善弈者　多愁善感

二、下面每题的词语中有一个是错误的，请你在错误的词语下方用横线标出，并把正确的词语填在括号里

1.精鹰　掉队　繁华　标新立异（　　　　）

2.帆船　在呼　足迹　名副其实（　　　　）

3.傲慢　必须　中问　耳濡目染（　　　　）

4.常规　介意　灰尽　金碧辉煌（　　　　）

5.追捕　犹如　审迅　好高骛远（　　　　）

6.鱼翅　更加　嘱付　甘拜下风（　　　　）

7.汀冬　消除　推开　负荆请罪（　　　　）

8.睡眠　贫富　结精　自鸣得意（　　　　）

9.礼貌　旗织　茁壮　美轮美奂（　　　　）

10.准许　以候　脸庞　一言九鼎（　　　　）

11.草丛　岩石　气份　齐头并进（　　　　）

12.波纹　摇岭　帐篷　水天相接（　　　　）

13. 喝水 湛蓝 诧异 随遇儿安（　　）
14. 胡须 磨坊 卡片 引人主意（　　）
15. 命令 俊俏 纤弱 狂风大做（　　）
16. 乘坐 激烈 泥泞 枝析花落（　　）
17. 申办 维休 扔掉 举世无双（　　）
18. 棵粒 愿意 火焰 谈何容易（　　）
19. 枝叶 应该 死亡 风禾日丽（　　）
20. 拥抱 俯身 狂燥 形态各异（　　）
21. 妒忌 徘徊 尽力 完璧归赵（　　）
22. 切磋 安详 消失 破斧沉舟（　　）
23. 逍遥 募绢 督促 悬梁刺股（　　）
24. 洽谈 梗概 照耀 望自尊大（　　）
25. 辍学 即便 煤炭 背水车薪（　　）
26. 海含 屋顶 荧屏 厚积薄发（　　）
27. 启示 慰藉 修缮 异曲同功（　　）
28. 糟蹋 疲惫 水域 艰苦卓决（　　）
29. 造旨 羞涩 蓝天 披星戴月（　　）
30. 警戒 自毫 稿纸 调兵遣将（　　）
31. 锦绣 侮辱 动弹 孤假虎威（　　）
32. 帐篷 翱翔 书简 唇枪舌箭（　　）
33. 缅怀 勘察 脑髓 提心掉胆（　　）
34. 蔓延 浮桥 关照 前扑后继（　　）

35.撒谎 悔恨 冒然 高朋满座（　　　）
36.询问 绕乱 暮霭 盛气凌人（　　　）
37.枸杞 克苦 淋漓 入不敷出（　　　）
38.冰糖 兴趣 画廊 同仇敌慨（　　　）
39.略夺 擅长 妨碍 栩栩如生（　　　）
40.瞭望 寒暄 追溯 志高气扬（　　　）

三、请找出下列句子中的错别字，用"/"直接划去，然后在括号里改正 >

1.大雪很快覆盖了军须处长的身体，他成了一坐晶莹的丰碑。（　　）（　　）

2.平心而论，这些书报质量均属中等以上，印刷也颇讲究，虽有一些哗众取笼，然而并未冲淡主题色采。（　　）（　　）

3.当遇到重大问题需要他拿主意的时侯，他反倒迟疑不绝了。（　　）（　　）

4.今年春节其间，各地电视台的文艺节目多得令人目不瑕接。（　　）（　　）

5.我两在三年前见过一面之后，就在也没有重逢过。（　　）（　　）

6.既使今天下雨，我也要安时去少年宫参加活动。（　　）（　　）

7.我们的老师以经年过花甲、两鬓班白了。（　　）（　　）

8.北京办奥运,既展示传统文化又展现精神丰貌,可谓两全齐美。(　)(　)

9.这一段长城修住在八达岭上,高大坚故。(　)(　)

10.万里长城是用劳动人民的血汉和智会修建起来的。(　)(　)

11.爸爸年纪大了,三袋米扛到楼上,已经是汗流夹背,气湍吁吁。(　)(　)

12.我的家乡是个美丽富绕的地方,这里物产丰富,风景幽美。(　)(　)

13.初夏,石留花开了。远看,那红色的花朵像一族族火焰。(　)(　)

14.春天到了,慢山遍野都是绿的草、红的花,真是一幅美丽的花卷。(　)(　)

15.这里绿树成阴,百鸟争鸣。(　)(　)

16.太阳出来了,大雾倾刻间烟销云散。(　)(　)

17.爸爸给我两园钱,让我买一根腊烛。(　)(　)

18.王宁的活刚说完,教室里就响起了热烈的掌生。(　)(　)

19.城墙顶上扑着方砖,十分平整,向很宽的马路。(　)(　)

20.海伦·凯勒不分昼夜,像一块干躁的海棉吸着知识的甘霖。(　)(　)

21.他工作勤肯,也能密切连系群众。(　)(　)

22.他红着眼睛,像一头发恕的豹子,样子十分可怕。
(　)(　)

23.如果干旱、烂砍乱伐、发宏水了,我们该怎么办?
(　)(　)

24.早晨,大雾迷曼,整个天地像被一层银沙罩住了。
(　)(　)

25.我家院子里载了一棵樱桃树,开花时节,份外美丽。
(　)(　)

26.经过五六年的学习,有不少同学在不经意间文采飞杨,让人括目相看!(　)(　)

27.王老师五十多岁了,确像年轻人一样允满活力。(　)
(　)

28.我希望奥运精神能永远传弟下去,给世界带来和平、欢乐、番荣和希望!(　)(　)

29.黄山的云可真白啊,白得就像一匹白纱锻,又尤如刚下的白雪。(　)(　)

30.小兴安岭是一座巨大的保库,也是一座美丽的公源。
(　)(　)

参考答案

第一节 基础拼音训练

一、

(1) 窨 (2) 镶 (3) 鞠 (4) 恣 (5) 莽 (6) 窨 (7) 颓
(8) 抉 (9) 勘 (10) 睚 (11) 卸 (12) 裸 (13) 湛 (14) 寡
(15) 铸 (16) 御 (17) 悬 (18) 诞 (19) 拔 (20) 呈 (21) 穆
(22) 椭 (23) 峦 (24) 刹 (25) 钦 (26) 瞻 (27) 硕 (28) 骚
(29) 褪 (30) 恬 (31) 妆 (32) 幕 (33) 矫 (34) 谧 (35) 岬
(36) 角 (37) 噬 (38) 僻 (39) 轶 (40) 仵 (41) 峙 (42) 觉
(43) 敞 (44) 楣 (45) 邃 (46) 姿 (47) 跻 (48) 卓 (49) 诡
(50) 籍 (51) 瞌 (52) 咽

二、

(1) liǔ   (2) zōng   (3) zǔ   (4) jiá   (5) chéng
(6) bó   (7) kuì   (8) qǐng (9) zhuō   (10) miáo
(11) nuò (12) hè   (13) bǔ   (14) jiān (15) sài
(16) yǎn (17) cháo (18) yì   (19) qī   (20) bīn
(21) kǎi (22) zhǐ   (23) lüè (24) xián (25) sǒu
(26) suō (27) zì   (28) tuí (29) jiǒng (30) zhé
(31) kē   (32) pìn   (33) zhuó (34) duó   (35) chéng
(36) mǐ   (37) qiè   (38) jǔ   (39) liáo (40) wù
(41) jiù (42) miǎn (43) bó   (44) bìng (45) fēn

（46）qiǎng　（47）xiān　（48）nì　（49）jiáo　（50）chěng

（51）sè　（52）chún　（53）kàn　（54）guǎng　（55）xùn

（56）gèn　（57）cān　（58）jiù　（59）zhuī　（60）jùn

（61）qiàn　（62）sù　（63）péng　（64）miǎn

第二节　多音字训练

一、

（1）yīn：殷勤　　　　yān：殷红

（2）cuán：攒动　　　zǎn：积攒

（3）pú：胸脯　　　　fǔ：果脯

（4）mó：模仿　　　　mú：模样

（5）juàn：试卷　　　juǎn：卷尺

（6）bǐng：屏气　　　píng：屏风

（7）shà：大厦　　　　xià：厦门

（8）huì：开会　　　　kuài：会计

（9）fú：仿佛　　　　fó：佛教

（10）hái：还有　　　huán：还钱

（11）shèng：盛开　　chéng：盛饭

（12）bó：停泊　　　　pō：湖泊

（13）cān：参加　　　shēn：人参　　　cēn：参差

（14）yān：咽喉　　　yàn：下咽　　　ye：呜咽

（15）luò：落后　　　lào：落枕　　　là：落下

（16）chāi：出差　　chà：差不多　　chā：差错　　cī：参差

243

二、

(1) zhé shé zhē
(2) hè hē hè
(3) tà dá
(4) zǎi zǎi zài zài
(5) pù bào
(6) huo hé huó huò hè hú
(7) ào niù ǎo
(8) dù dù duó duó
(9) háng xíng háng
(10) zhǎng zhàng
(11) sù xiǔ xiù
(12) jiǎ jià
(13) shǔ shù shuò
(14) yuè yuè lè
(15) qiáng jiàng qiǎng
(16) guàn guān
(17) gān gàn
(18) hàng xiàng
(19) bó bò bó
(20) è wù ě
(21) pián biàn
(22) sāng sàng
(23) chāi chà chā
(24) zhá zhā zā
(25) mán mái
(26) shèng shèng chéng
(27) chuàng chuāng
(28) bó bǎi
(29) yào nüè
(30) kān kàn
(31) ài ài yì
(32) zàng cáng zàng zàng
(33) zhá yà
(34) kǎ qiǎ
(35) diào tiáo
(36) mú mó
(37) mò méi
(38) shě shè
(39) yīn yān
(40) hái huán
(41) jì xì
(42) jiàng xiáng
(43) jiān jiàn

第三节 同音字训练

一、

(1) 惩 承 程 橙　　(2) 宝 保 堡 饱
(3) 俏 峭 窍 翘　　(4) 辟 僻 媲 譬
(5) 秘 谧 密 泌　　(6) 烤 考 拷 栲
(7) 峻 竣 俊 骏　　(8) 费 废 吠 沸
(9) 缎 段 锻 断　　(10) 预 豫 遇 裕

二、

(1) 愁——惆 (2) 鬼——诡 (3) 冒——贸 (4) 灿——璨
(5) 克——刻 (6) 驰——弛 (7) 颂——诵 (8) 以——已
(9) 渴——喝 (10) 纵——怂 (11) 缀——辍 (12) 祟——崇
(13) 蔼——霭 (14) 喧——暄 (15) 钩——钓 (16) 署——暑
(17) 尝——赏 (18) 密——蜜 (19) 座——坐 (20) 簿——薄
(21) 幅——辐 (22) 辛——幸 (23) 地——的 (24) 撕——厮
(25) 躁——燥 (26) 磨——摩 (27) 坚——艰 (28) 憾——撼
(29) 毫——豪 (30) 担——耽 (31) 渐——惭 (32) 燥——躁
(33) 其——期 (34) 园——圆 (35) 翠——萃 (36) 殆——怠
(37) 铄——烁 (38) 消——逍 (39) 炙——灸 (40) 幕——慕
(41) 撩——缭 (42) 钉——订 (43) 式——势 (44) 涨——胀
(45) 幼——幻 (46) 废——费 (47) 瓜——爪 (48) 矿——旷
(49) 掘——崛 (50) 膺——赝 (51) 看——瞰 (52) 钢——纲
(53) 蓝——篮 (54) 全——痊 (55) 撤——撒 (56) 竭——谒

（57）息——熄（58）污——诬（59）燥——躁（60）胡——糊
（61）祥——详（62）加——嘉（63）秘——谧（64）贯——惯
（65）忧——扰（66）粹——碎（67）积——绩（68）消——销
（69）提——题（70）午——舞（71）侯——候（72）绸——稠
（73）躁——燥（74）辨——辩（75）驰——弛（76）知——智
（77）李——挛（78）迷——弥（79）练——炼（80）布——部
（81）拢——扰（82）申——伸（83）安——按（84）必——毕
（85）誉——誊（86）灼——酌（87）到——道（88）工——功
（89）脑——恼（90）材——才（91）藉——籍（92）才——财
（93）坐——座（94）记——纪

第四节　形近字训练

一、

（1）长 常 常 长
（2）浮 俘 浮 俘
（3）辉 晖 辉 晖
（4）疏 梳 梳 疏
（5）销 消 消 销
（6）迹 绩 迹 绩
（7）像 象 像 象
（8）辩 辨 辨 辩
（9）谣 摇 谣 摇
（10）洲 州 州 洲
（11）赡 瞻 瞻 赡
（12）啡 绯 啡 绯
（13）谢 榭 榭 谢
（14）俭 检 检 俭
（15）蔼 霭 霭 蔼
（16）蓬 篷 篷 蓬
（17）贬 砭 贬 砭
（18）恰 洽 恰 洽
（19）墓 幕 墓 幕
（20）淳 醇 淳 醇

第七单元 消灭错别字分类训练

（21）霄 宵 霄 宵　　　　（22）灼 酌 灼 酌
（23）馈 溃 溃 馈　　　　（24）粹 悴 粹 粹
（25）谎 谎 慌 慌　　　　（26）络 络 洛 洛
（27）识 织 织 识　　　　（28）翻 藩 翻 藩
（29）诅 祖 祖 祖　　　　（30）保 堡 堡 保

二、

讥讽　饥饿　　　　　　消逝　发誓
饶恕　怒火　　　　　　竣工　险峻
侮辱　悔恨　　　　　　敏锐　蜕化
卷宗　巷子　　　　　　火辣　荆棘
拆线　折断　　　　　　陡峭　徒手
施肥　旋转　　　　　　已经　自己
一望无垠　限制　　　　阻挠　围绕
调令　雕琢　　　　　　涌现　踊跃
光辉　春晖　　　　　　梳洗　疏导
业绩　痕迹　　　　　　销售　消灭
呼唤　涣散　　　　　　罐头　灌溉
身躯　驱赶　　　　　　挎包　跨度
憨厚　原野　　　　　　丈量　文明
顽固　玩耍　　　　　　友邦　帮忙
详细　祥和　　　　　　歌颂　辞呈
帷幕　羡慕　　　　　　日暮　坟墓
陶瓷　淘米　　　　　　皓月　浩荡
城池　诚实　　　　　　爆炸　暴动

构造	购买		朗诵	陶俑
孤单	弧形		湍急	瑞雪
徐缓	除外		隐蔽	稳妥
篇幅	普遍		虎威	虚弱
牌匾	石碑		闪烁	砂砾
继续	断绝		恐怕	怒火
蜗牛	锅铲		坚强	竖直
慎重	镇定		雾气	霎时
魂魄	玫瑰		素菜	蓬莱
装载	裁缝	栽树	搓手	切磋	蹉跎
抗战	杭州	坑人	皈依	版图	返回
庙宇	届时	宇宙	绸缎	调节	倜傥

三、

（1）渲（2）漂（3）行（4）玻（5）娇（6）掬（7）掉（8）挽（9）轻（10）拔（11）报（12）攻（13）税（14）决（15）候（16）渡（17）但（18）绌（19）列（20）炼（21）诀（22）沧（23）辙（24）代（25）倾（26）起（27）竣（28）谡（29）决（30）和（31）读（32）惦（33）倒（34）连（35）记（36）布（37）克（38）沾（39）迁（40）流（41）辄（42）谦（43）慨（44）伸（45）防（46）概（47）捍（48）摒（49）井（50）渗（51）损（52）缀（53）燥（54）园（55）籍（56）燥（57）矿（58）颂（59）鱼（60）废（61）溏（62）辩（63）笼（64）崛（65）想（66）揎（67）于（68）呕（69）伦（70）骄（71）慎（72）灿（73）脏（74）班（75）祯（76）瞻（77）若（78）儒

（79）浑（80）彩（81）恣（82）迄（83）怆（84）频（85）谍（86）椰（87）姆（88）拔（89）嘻（90）梁（91）垢（92）复（93）眉（94）膺（95）伦（96）洱

四、（答案示例：本题的正确答案不止一种，以下所列出的答案示例仅为正确答案的一种，供参考对照。其他各种答案，只要其本身是正确的就可以。）

培	梅	计	挑	话	狄	讨	检	炊
冼	把	晴	磅	忖	秋	站	第	轧
况	株	炜	摘	驰	抽	低	晒	撒
粹	仗	拢	记	极	殆	媛	阮	认
多	节	江	回	防	括	码	玩	雪
扔	阵	扛	汁	住	根	妄	清	眺
耙	远	讨	瞄	纱	钼	纹	阴	冼
泣	景	粘	抉	贱	驹	沫	披	盼
龄	笙	津						

第五节　多义字训练

1. ③　　　　　　　　　　2. ①
3. ③④⑤　　　　　　　　4. ⑩①⑤⑧⑪③④⑨
5. ④②　　　　　　　　　6. ②③
7. ④　　　　　　　　　　8. ③
9. ③　　　　　　　　　　10. ②
11. ③　　　　　　　　　　12. ③

13. ⑦⑥① 14. ②⑩⑤⑨⑪⑫①⑦

第六节 词语训练

一、（答案示例：本题的正确答案不止一种，以下所列出的答案示例仅为正确答案的一种，供参考对照。其他各种答案，只要其本身是正确的就可以。）

明：明亮　扛：扛枪　知：知识　队：队员
玩：玩耍　纪：纪念　竿：竹竿　洗：洗衣
阵：方阵　章：章节　暗：黑暗　芹：芹菜
仔：仔细　旧：新旧　靶：打靶　芳：芳香
笃：笃定　运：运输　们：我们　旺：旺盛
什：什么　拥：拥抱　汗：流汗　法：方法
情：感情　位：位置　讲：讲课　像：好像
许：许多　财：财富　联：联络　注：注目
抱：怀抱　蚊：蚊子　机：机器　苛：苛刻
新：新书　诟：诟病　恰：恰好　村：村庄
吹：吹哨　加：增加　池：水池　现：现象
掌：巴掌　级：年级　饭：午饭　雷：雷雨

二、
1.诚实　诚恳　2.曾经　已经　3.鼓励　鼓舞　4.安静　平静
5.快活　欢乐　6.连续　继续　7.振动　抖动　8.干燥　急躁
9.猜测　推测　10.希望　盼望　11.辨认　分辨　12.奇怪　好奇

13.创造 建造 14.伟大 雄伟 15.拜访 朝拜 16.宝贵 珍贵

17.听候 等候 18.宽阔 辽阔 19.简陋 简单 20.渐渐 慢慢

21.仔细 详细 22.果然 居然 23.经常 往常 24.依然 果然 居然

25.连续 陆续 继续 26.维持 保持 保护 27.屹立 矗立 耸立

28.觉察 视察 考察

第七节　成语训练

一、

（1）哀——唉（2）倍——辈（3）壁——碧（4）鹊——雀

（5）安——按（6）彩——采（7）残——惨（8）驰——弛

（9）愁——筹（10）穿——川（11）词——辞（12）代——贷

（13）带——戴（14）代——待（15）捣——倒（16）以——倚

（17）翻——番（18）繁——烦（19）废——费（20）份——分

（21）斧——釜（22）付——敷（23）灌——贯（24）广——光

（25）直——执（26）轰——哄（27）涣——焕（28）涣——焕

（29）浑——诨（30）规——轨（31）汇——荟（32）急——及

（33）激——急（34）记——计（35）籍——藉（36）佳——嘉

（37）阵——政（38）娇——矫（39）接——截（40）尺——禁

（41）径——胫（42）事——时（43）具——俱（44）匮——篑

（45）烂——滥（46）鱼——渔（47）励——厉（48）利——厉

（49）历——励（50）梁——粱（51）致——制（52）廖廖——寥寥

（53）留——流（54）矛——茅（55）密——蜜（56）磨——摩

（57）义——议（58）迁——潜（59）巧——乔（60）消——销
（61）提——题（62）屈——曲（63）雀——鹊（64）仞——刃
（65）计——机（66）试——拭（67）手——首（68）失——释
（69）诵——颂（70）崇崇——祟祟（71）到——倒（72）壁——璧
（73）盘——胖（74）脚——角（75）己——已（76）章——彰
（77）换——幻（78）俱——具（79）胱——犊（80）义——议
（81）宣——轩（82）攻——功（83）致——至（84）恻——测
（85）生——声（86）觋——觑（87）之——知（88）概——慨
（89）诧——咤（90）迹——绩（91）功——工（92）如——茹
（93）诩诩——栩栩（94）译——绎（95）慢——漫（96）拥——涌

二、

（1）别来无恙　　（2）一鸣惊人　　（3）默默无闻
（4）无可替代　　（5）一往情深　　（6）一见钟情
（7）终生无憾　　（8）领先一步　　（9）闻鸡起舞
（10）万事俱备　　（11）步步高升　　（12）理所当然
（13）以貌取人　　（14）百依百顺　　（15）贤妻良母
（16）百闻不如一见（17）其乐无穷　　（18）天长地久
（19）刻不容缓　　（20）依依不舍　　（21）首当其冲
（22）引以为荣　　（23）智者见智　　（24）六神无主
（25）有备无患　　（26）步步为营　　（27）爱不释手
（28）开门见山　　（29）机不可失　　（30）随心所欲

（31）别具一格　（32）脍炙人口　（33）无所畏惧

（34）哑口无言　（35）触目惊心　（36）无懈可击

第八节　综合训练

一、

1.A　2.D　3.D　4.B　5.D　6.A　7.C　8.C　9.B　10.D　11.A　12.D

13.B　14.C　15.C　16.C　17.D　18.D　19.D　20.A　21.A　22.A

23.A　24.A　25.B　26.B　27.B　28.B　29.B　30.A　31.B　32.C

33.B

二、

1.精鹰——精英　2.在呼——在乎　3.中问——中间

4.灰尽——灰烬　5.审迅——审讯　6.嘱付——嘱咐

7.汀冬——叮咚　8.结精——结晶　9.旗织——旗帜

10.以候——以后　11.气份——气氛　12.摇岭——摇铃

13.随遇儿安——随遇而安　14.引人主意——引人注意

15.狂风大做——狂风大作　16.枝析花落——枝折花落

17.维休——维修　18.棵粒——颗粒　19.风禾日丽——风和日丽

20.狂燥——狂躁　21.完壁归赵——完璧归赵

22.破斧沉舟——破釜沉舟　23.募绢——募捐

24.望自尊大——妄自尊大　25.背水车薪——杯水车薪

26.海含——海涵　27.异曲同功——异曲同工

28.艰苦卓决——艰苦卓绝　29.造旨——造诣

253

30.自毫——自豪　31.孤假虎威——狐假虎威
32.唇枪舌箭——唇枪舌剑　33.提心掉胆——提心吊胆
34.前扑后继——前仆后继　35.冒然——贸然　36.绕乱——扰乱
37.克苦——刻苦　38.同仇敌慨——同仇敌忾　39.略夺——掠夺
40.志高气扬——趾高气扬

三、

1.须——需　坐——座　　　　2.笼——宠　采——彩
3.侯——候　绝——决　　　　4.其——期　瑕——暇
5.两——俩　在——再　　　　6.既——即　安——按
7.以——已　班——斑　　　　8.丰——风　齐——其
9.住——筑　故——固　　　　10.汉——汗　会——慧
11.夹——浃　湍——喘　　　　12.绕——饶　幽——优
13.留——榴　族——簇　　　　14.慢——漫　花——画
15.阴——荫　鸣——呜　　　　16.倾——顷　销——消
17.园——元　腊——蜡　　　　18.活——话　生——声
19.扑——铺　向——像　　　　20.躁——燥　棉——绵
21.肯——恳　连——联　　　　22.晴——睛　恕——怒
23.烂——滥　宏——洪　　　　24.曼——漫　沙——纱
25.载——栽　份——分　　　　26.杨——扬　括——刮
27.确——却　允——充　　　　28.弟——递　番——繁
29.锻——缎　尤——犹　　　　30.保——宝　源——园

附录 容易读错的姓氏与地名

附录一 容易读错的姓氏

中国文化博大精深，百家姓就是其中一大体现。中国人的姓氏源远流长，数量众多，有的读音和平常读法不一样，有的有多种读音，有的读音较为生僻。下面列举了一些容易读错的姓氏，供同学们学习和参考。

一、读音相异的单姓

秘：读bì，不读mì；秘姓名人，如秦代仆射秘宣。

都：读dū，不读dōu；都姓名人，如明代进士都穆。

句：读gōu，不读jù；句姓名人，如宋代进士句克俭。

阚：读kàn，不读hǎn；阚姓名人，如三国时期吴国学者阚泽。

缪：读miào，不读móu；缪姓名人，如清代状元缪彤。

能：读nài，不读néng；能姓名人，如宋代名医能自宣。

乜：读niè，不读miē；乜姓名人，如明代名士乜仁义。

区：读ōu，不读qū；区姓名人，如三国时期吴国太守区景。

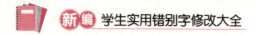

朴：读piáo，不读pǔ；此姓朝鲜族多见。

繁：读pó，不读fán；繁姓名人，如春秋时期晋国大夫赵罗的御戎繁羽。

仇：读qiú，不读chóu；仇姓名人，如清代著名作家仇兆鳌。

瞿：读qú，不读jù；瞿姓名人，如革命家瞿秋白。

单：读shàn/dān，不读chán；单姓名人，如当代评书表演艺术家单田芳。

冼：读xiǎn，不读xǐ；冼姓名人，如近代音乐家冼星海。

解：读xiè，不读jiě；解姓名人，如明代文学家解缙。

员：读yùn，不读yuán；员姓名人，如唐代诗人员半千。

查：读zhā，不读chá；查姓名人，如金庸原名查良镛。

二、音同调异的单姓

过：读guō，不读guò；过姓名人，如现代农业教育先驱过探先。

哈：读hǎ，不读hā；哈姓名人，如中央电视台编导哈文。

那：读nā，不读nà；那姓名人，如歌手那英。

宁：读nìng，不读níng；宁姓名人，如运动员宁泽涛。

曲：读qū，不读qǔ；曲姓名人，如唐代司空曲环。

任：读rén，不读rèn；任姓名人，如革命家任弼时。

燕：读yān，不读yàn；燕姓名人，如孔子弟子燕伋。

应：读yīng，不读yìng；应姓名人，如香港女演员应采儿。

訾：读zī，不读zǐ；訾姓名人，如元代有名的孝子訾汝道。

三、多音的单姓

种：一读chóng，一读zhǒng；一般读chóng，如北宋名将种师道。

盖：一读gě，一读gài；一般读gě，如东汉虎牙将军盖延。

华：一读huà，一读huá；一般读huà，如数学家华罗庚。

纪：一读jǐ，一读jì；一般读jǐ，如清代学者纪晓岚。

牟：一读móu，一读mù；一般读móu，如当代著名企业家牟其中。

覃：一读qín，一读tán；一般读qín，如唐代太子太傅覃季。

召：一读shào，如秦代东陵侯召平；一读zhào，为傣族姓。

隗：一读wěi，一读kuí；一般读wěi，如秦代名臣隗林。

四、生僻的单姓

桓：读huán；桓姓名人，如东汉大将桓温。

郏：读jiá；郏姓名人，如清代著名画家郏伦逵。

靳：读jìn；靳姓名人，如当代著名画家靳尚谊。

蒯：读kuǎi；蒯姓名人，如汉代谋士蒯通。

郦：读lì；郦姓名人，如汉初谋士郦食其（lì yì jī）。

逯：读lù；逯姓名人，如汉代大臣逯普。

栾：读luán；栾姓名人，如中国嫦娥探月工程总指挥栾恩杰。

钮：读niǔ；钮姓名人，如原河北省省长钮茂生。

逄：读páng；逄姓名人，如原中共中央文献研究室主任逄先知。

麴：读qū；麴姓名人，如隋代高昌国国王麴伯稚。

璩：读qú；璩姓名人，如台湾地区主持人璩美凤。

厍：读shè；厍姓名人，如北周大臣厍狄峙。

钭：读tǒu；钭姓名人，如企业家钭正刚。

郤：读xì；郤姓名人，如三国时期蜀国大臣郤正。

邢：读xíng；邢姓名人，如中央电视台主持人邢质斌。

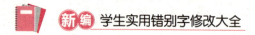

胥：读xū；胥姓名人，如中央电视台主持人胥午梅。

昝：读zǎn；昝姓名人，如清代书画家昝茹颖。

五、易错的复姓

皇甫：读huáng fǔ，不读huáng pǔ；皇甫姓名人，如唐代文学家皇甫湜。

令狐：读líng hú，不读lìng hú；令狐姓名人，如唐代宰相令狐楚。

夏侯：读xià hóu，不读xià hòu；夏侯姓名人，如东汉末年大将夏侯渊。

鲜于：读xiān yú，不读xiǎn yú；鲜于姓名人，如元代书法家鲜于枢；"鲜"单独作姓时也读xiān，另有复姓鲜卑xiān bēi。

尉迟：读yù chí，不读wèi chí；尉迟姓名人，如唐初名将尉迟恭；"尉"单独作姓时读wèi，如战国时期军事理论家尉缭。

宰父：读zǎi fǔ，不读zǎi fù；宰父姓名人，如孔子弟子宰父黑。

长孙：读zhǎng sūn，不读cháng sūn；长孙姓名人，如唐初名臣长孙无忌。

附录二　容易读错的地名

中国的地名体现了中国历史上民族融合、疆域政区的变化、传统文化的观念，是中国历史文化的重要组成部分。但有些地名一不小心就会读错，字失一毫，地差千里，甚至闹出笑话。这里我们专门整理了一些容易读错的地名，供同学们学习和参考。

安徽省容易读错的地名

蚌埠：读bèng bù，不读bàng bù。

亳州：亳，读bó，不读háo。

砀山：砀，读dàng，不读yáng。

涡阳：涡，读guō，不读wō。

六安：六，读lù，不读liù。

歙县：歙，读shè，不读xī。

濉溪：濉，读suī，不读jū。

黟县：黟，读yī，不读hēi。

枞阳：枞，读zōng，不读cōng。

北京市容易读错的地名

阜成门：阜，读fǔ，不读fù。

大栅栏：栅，读shí，不读zhà。

重庆市容易读错的地名

北碚：碚，读bèi，不读péi。

涪陵：涪，读fú，不读péi。

綦江：綦，读qí，不读jī或zuǎn。

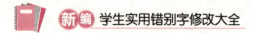

福建省容易读错的地名

闽侯：侯，读hòu，不读hóu。

长汀：汀，读tīng，不读dīng。

甘肃省容易读错的地名

宕昌：宕，读tàn，不读dàng。

洮水：洮，读táo，不读zhào。

广东省容易读错的地名

东莞：莞，读guǎn，不读wǎn。

番禺：番，读pān，不读fān。

广西壮族自治区容易读错的地名

百色：百，读bó，不读bǎi。

岑溪：岑，读cén，不读jīn。

扶绥：绥，读suí，不读tuǒ。

邕宁：邕，读yōng，不读yì。

海南省容易读错的地名

儋州：儋，读dān，不读zhān或shàn。

河北省容易读错的地名

大城：大，读dài，不读dà。

藁城：藁，读gǎo，不读gāo。

蠡县：蠡，读lǐ，不读lí。

任丘、任县：任，读rén，不读rèn。

井陉：陉，读xíng，不读jìng。

蔚县：蔚，读yù，不读wèi。

涿州：涿，读zhuō，不读zhuó。

河南省容易读错的地名

泌阳：泌，读bì，不读mì。

漯河：漯，读luò，不读luó。

渑池：渑，读miǎn，不读shéng

中牟：牟，读mù，不读móu。

荥阳：荥，读xíng，不读yíng。

浚县：浚，读xùn，不读jùn。

长垣：垣，读yuán，不读huán。

柘城：柘，读zhè，不读tuò。

武陟：陟，读zhì，不读shè。

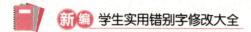

黑龙江省容易读错的地名

穆棱：棱，读líng，不读léng。

湖北省容易读错的地名

监利：监，读jiàn，不读jiān。

黄陂：陂，读pí，不读pō。

蕲春：蕲，读qí，不读jìn。

猇亭：猇，读xiāo，不读hǔ。

郧阳：郧，读yún，不读yuán。

秭归：秭，读zǐ，不读dì。

湖南省容易读错的地名

郴州：郴，读chēn，不读lín。

枨冲：枨，读chéng，不读cháng。

筻口：筻，读gàng，不读gēng。

耒阳：耒，读lěi，不读lái。

汨罗：汨，读mì，不读lèi。

吉林省容易读错的地名

珲春：珲，读hún，不读huī。

洮南：洮，读táo，不读zhào。

江苏省容易读错的地名

栟茶：栟，读bēn，不读bīng。

氾水：氾，读fàn，不读sì。

邗江：邗，读hán，不读gān。

甪直：甪，读lù，不读jiǎo。

邳州：邳，读pī，不读bù。

睢宁：睢，读suī，不读jū。

盱眙：读xū yí，不读yú tái。

浒墅关：浒，读xǔ，不读hǔ。

江西省容易读错的地名

婺源：婺，读wù，不读máo。

铅山：铅，读yán，不读qiān。

弋阳：弋，读yì，不读gē。

辽宁省容易读错的地名

桓仁：桓，读huán，不读héng。

阜新：阜，读fù，不读bù或fǔ。

岫岩：岫，读xiù，不读yòu。

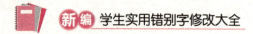

内蒙古自治区容易读错的地名

磴口：磴，读dèng，不读dēng。

巴彦淖尔：淖，读nào，不读zhuó。

山东省容易读错的地名

茌平：茌，读chí，不读shì。

无棣：棣，读dì，不读lì。

东阿：阿，读ē，不读ā。

芝罘：罘，读fú，不读fǒu。

莒县、莒南：莒，读jǔ，不读lǔ。

鄄城：鄄，读juàn，不读yān。

乐陵：乐，读lào，不读lè。

栖霞：栖，读qī，不读xī。

临朐：朐，读qú，不读jū。

单县：单，读shàn，不读dān。

莘县：莘，读shēn，不读xīn。

郯城：郯，读tán，不读yán。

兖州：兖，读yǎn，不读yǔn。

临沂：沂，读yí，不读yī。

山西省容易读错的地名

临汾：汾，读fén，不读fēn或fěn。

洪洞：洞，读tóng，不读dòng。

解池：解，读xiè，不读jiě。

忻州：忻，读xīn，不读jīn。

临猗县：猗，读yī，不读qí。

陕西省容易读错的地名

吴堡：堡，读bǔ，不读bǎo或pù。

栎阳：栎，读yuè，不读lè。

柞水：柞，读zhà，不读zuò。

上海市容易读错的地名

莘庄：莘，读xīn，不读shēn。

四川省容易读错的地名

珙县：珙，读gǒng，不读gòng。

筠连：筠，读jūn，不读yún。

阆中：阆，读làng，不读liáng。

郫都：郫，读pí，不读bēi或bì。

犍为：犍，读qián，不读jiàn。

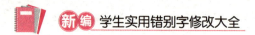

邛崃:读qióng lái,不读gōng lái。

荥经:荥,读yíng,不读xíng。

天津市容易读错的地名

蓟州:蓟,读jì,不读xiān。

新疆维吾尔自治区容易读错的地名

巴音郭楞:楞,读léng,不读lèng。

喀什:什,读shí,不读shén。

云南省容易读错的地名

漾濞:濞,读bì,不读bí。

勐海:勐,读měng,不读mèng。

浙江省容易读错的地名

丽水:丽,读lí,不读lì。

甪堰:甪,读lù,不读jiǎo。

台州、天台:台,读tāi,不读tái。

嵊州、嵊泗:嵊,读shèng,不读chéng。

鄞州:鄞,读yín,不读qín。

乐清:乐,读yuè,不读lè。